中国壊死《ちゅうごくえし》

百年変わらない腐敗の末路

宮崎正弘 × 宮脇淳子

JN257740

ビジネス社

はじめに

二〇一一年十一月にビジネス社から刊行した拙著『真実の中国史［1840―1949］』（岡田英弘監修、李白社発行）は、著者である私自身も驚くほど評判がよく、二〇一四年十月には九刷りを重ねました。しかも、もうすぐ台湾から、拙著『真実の満洲史［1894―1956］』（岡田英弘監修、ビジネス社、二〇一三年刊行）とともに、繁体字に翻訳された華字本が刊行される予定です。

『真実の中国史』で、私はこれまで通説とされてきたことがいかに誤りであったかを、いろいろあけすけに書きましたが、なかでも注目を浴びたのが、孫文《そんぶん》がじつは大言壮語の大《おお》嘘《うそ》つきで、どのようにして日本と日本人を裏切ったかを暴露したことです。だから、この本を台湾人が翻訳したいと言ってきたことにはビックリしました。

孫文を国父と仰ぐ台湾の人までが、本当の中国史を知りたいと思うようになったということは、まことに喜ばしいことです。台湾で繁体字本が出さえすれば、香港はじめ、大陸の知識人も必ず読むことでしょう。政府のみならず、中国人が書くことがいかに嘘ばかりかということは、中国人すべてが自分たちでも自覚していると思うのです。

右の本が、一九四九年の中華人民共和国誕生で終わっているのは、私は中国現代史の専門家ではなく、中国共産党の真実の歴史を書くことはとてもその任ではないと思ったからです。私の専門はモンゴル史で、なかでも、十七、十八世紀に中央アジアを席巻し、清朝とロシアに脅威を与えた最後のモンゴル遊牧帝国ジューンガル史で博士号を取得しています。それでもモンゴルに関係のあることは何でも調べているうちに、満洲史や朝鮮史に興味が拡がり、十九世紀末から朝鮮や満洲に深く関係した日本の近現代史にも首をつっこむことになりました。もともと東洋史学科の出身ですから、シナ通史にも普通の人よりは詳しいつもりです。

でも、現代中国はわけのわからない厄介な存在ですから、手を出すつもりはありませんでした。私が続編を固辞したので、ビジネス社は主人の岡田英弘の旧友の黄文雄先生に続編をお願いして、『真実の中国史［1949―2013］』が二〇一三年に刊行され、私はほっとして、黄先生に感謝したのでした。けれども、拙著の読者からは私の続編も期待する声があったということで、ビジネス社はあきらめることなく、続編執筆を私に依頼し続けました。私は苦し紛れに、宮崎正弘先生にいろいろ教えていただけば、私にでも現代中国史が書けるかもしれないとつい言ってしまったのが、本書の企画の始まりです。

ビジネス社の唐津隆社長は宮崎先生と懇意で、すぐに企画会議が設定され、『真実の現代中国史』は将来のこととして、とりあえず中国に関する対談本を出そうと、あれよあれよというちに話が進みました。

宮崎先生は、無料のメルマガ「宮崎正弘の国際ニュース・早読み」を毎日更新されて、通算四七〇〇号余にもなっており、私は毎日これを拝読することによって大手マスコミの報道しない中国の現況を知り、判断の根拠にしていますから、私が先生に何か寄与できるとはとても思えません。宮崎先生は、他人の書いたものをそのまま信用することなく、あらゆる現地はすべてご自分で踏破して判断する、ジャーナリストの鏡のような方ですから、現状で知らないことはなく、私に聞かなくてはならないことなど何もないでしょうから、さて困ったな、と私は思いました。

でも、本書を読んでくだされぱおわかりのように、宮崎先生とはもともと西尾幹二先生の主宰する「路の会」でかなり前からのお知り合いだし、誰にでも親切な紳士でいらっしゃるから、私が答えやすい質問をしてくださったので、話がはずんで、とても楽しい対談になりました。私は宮崎先生のメルマガだけでなく、最近のご著書はだいたい拝読しています。三十年前の『中国の悲劇』も二十年前の『中国大分裂』も、今回の対談のためにネット購入して拝読しました。『出身地でわかる中国人』(二〇〇六年、ＰＨＰ新書)も再読しました。中国の文化やその他の諸事情に関する先生の見方は、私と完全に一致します。

意見が不一致で激論になる部分がなかったことが、読者にとっては残念なところかもしれませんが、中国に対するわれわれの見方は、一般の日本社会ではまだまだ少数派ではないでしょうか。でも、中国の将来を考えるとき、このまま無事で行くわけがないと思います。中国に大波瀾《はらん》が起きたとき、日本人はどのような覚悟で対処すべきかを、日本人全員に考えておいてほしいと思うのです。

宮崎先生に現代中国について教えていただいた私の結論は、「真実の中華人民共和国史」を書くことは当分は無理ということです。なぜなら、中国人の出す統計が嘘ばかりで、書いたもののなかに真実がないのに、そんなものを史料として、どうやって真実の歴史が書けるでしょう。歴史学というものは、ものごとが終わったあとで結果から遡《さかのぼ》って因果関係を明らかにする学問であって、進行している最中のことを描写できるものではないからです。もちろん、これからも興味を持って現代中国をウォッチするつもりですが、『真実の中国史』の続編は、中国共産党が終焉《しゅうえん》を迎えたあとでなくては書けないと思ってくだされば幸いです。

宮脇淳子

中国壊死《えし》——百年変わらない腐敗の末路　もくじ

第一章 強盗国家の常識

第二章 漢字支配と歴史捏造の実態

第三章

中国を動かす客家コネクション

第四章

中国は大分裂するのか

第五章 「習王朝」権力闘争の行方

第六章 経済大崩壊の末路

第七章 いやでも中国人と戦う時代

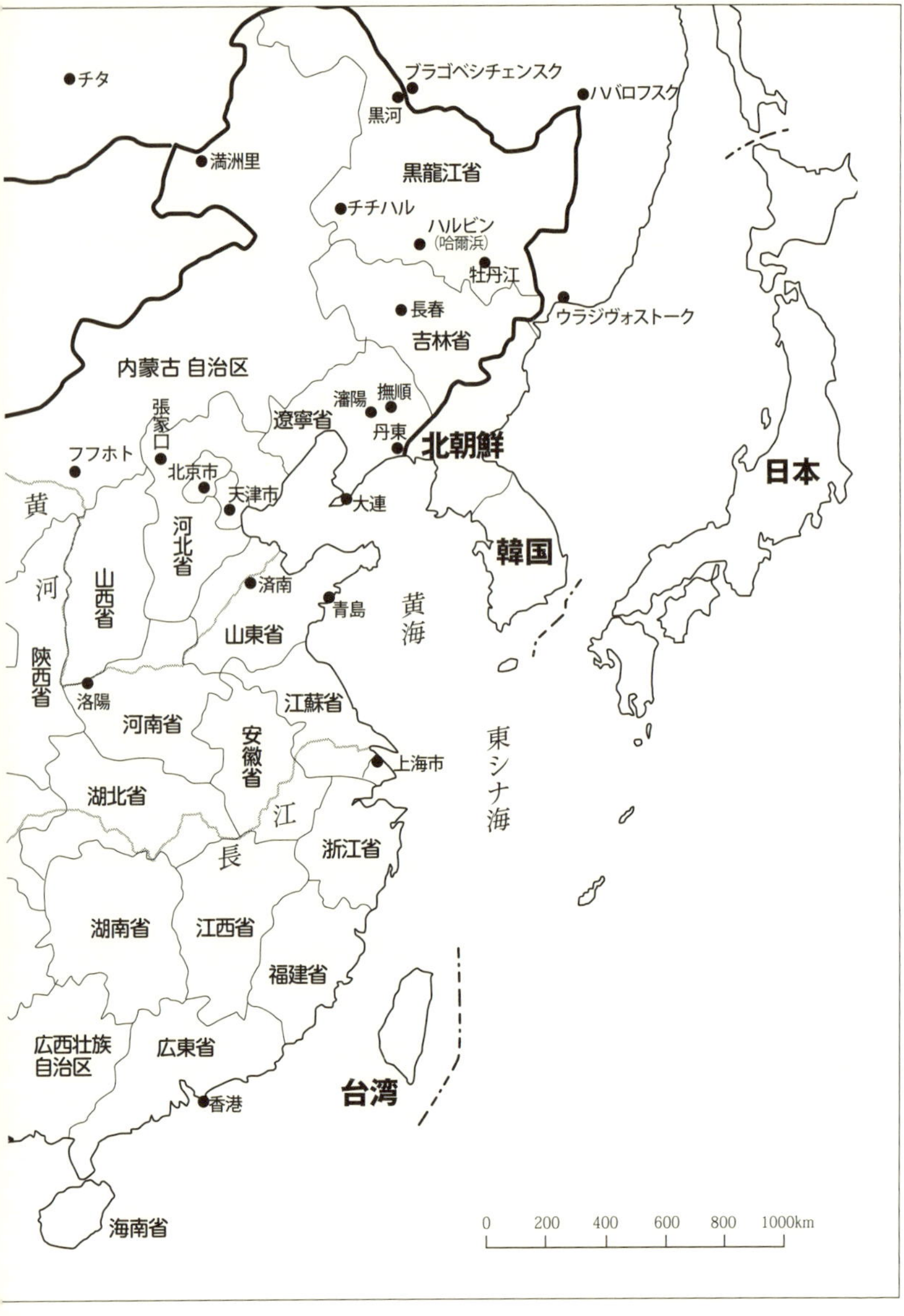

チタ
ブラゴベシチェンスク
ハバロフスク
黒河
満洲里
黒龍江省
チチハル
ハルビン
（哈爾浜）
牡丹江
長春
ウラジヴォストーク
吉林省
内蒙古 自治区
瀋陽
撫順
張家口
遼寧省
丹東
北朝鮮
日本
フフホト
北京市
天津市
大連
黄
河
河北省
韓国
山西省
済南
青島
黄海
山東省
陝西省
洛陽
江蘇省
河南省
安徽省
東シナ海
上海市
湖北省
江
長
浙江省
湖南省
江西省
福建省
広西壮族自治区
広東省
台湾
香港
海南省
0 200 400 600 800 1000km

ロシア
キャフタ
ウランバートル
モンゴル
ウルムチ
新疆ウイグル自治区
寧夏回族
自治区
青海省
甘粛省
チベット自治区
成都
ラサ（拉薩）
四川省
重慶市
ネパール
ブータン
インド
バングラ
デシュ
貴州省
昆明
雲南省
ミャンマー
ベトナム
ラオス
タイ

第一章　強盗国家の常識

モンゴルの英雄はチンギス・ハーンしかいない

宮崎　近現代史にお詳しい宮脇さんからいろいろと教えていただきたいと思っていたところ、こういう対談本の企画にめぐりあえて、大いに欣快《きんかい》するところです。

宮脇　私のほうこそ、現代中国について知らないことはない宮崎先生にお聞きしたいことがたくさんあります。ご一緒に本をつくることになって、本当に嬉《うれ》しく光栄に思います。どうかよろしくお願いいたします。

宮崎　そこで話はいきなり飛びますけれど、チンギス・ハーンの話から始めたら面白いと

チンギス・ハーンの焼酎

思います。モンゴルには私、二回しか行ったことはないのですが、いつもお土産にね、「チンギス・ハーン」という旨い焼酎《しょうちゅう》を買ってくる。

あるとき、外交評論家の加瀬英明さんが、朝青龍が横綱のときでしたが、ある宴があって、偶然横に座ったそうです。何にも話題がないので「『チンギス・ハーン』ってお酒はありますか?」って聞いた。「なんという失礼なことを言うんだ」と朝青龍。「わが国では天皇陛下とおんなじで酒にするはずがない」と朝青龍が言った。でも、おかしいなあ、私、現実に買ってきている。モンゴル人の受け取り方もチグハグなんですよね。

宮脇　モンゴルでチンギス・ハーンが解

禁になったのはソ連が崩壊したあとの一九九二年で、それまで名前を出すのも禁止されていました。ソ連時代は、友好国のロシアに悪いことした奴だからということで遠慮していた。

宮崎　あの「タタールの軛《くびき》」（キプチャク・ハーン国によるロシア諸公国の間接支配のこと）の畏怖からの流れですね。

宮脇　モンゴル人民共和国時代に、一度チンギス・ハーンの生誕記念の会をしようとした科学アカデミーのボスがクビを切られて以来、タブーになりました。それが、ソ連が崩壊して、にわかにモンゴルでナショナリズムが高まったときに、ほかに何も拠り所がないので、チンギス・ハーンがクローズアップされました。ところがモンゴルでは、チンギス・ハーンについて何も勉強していないし史料もない。そういう状況だったので、われわれのところにモンゴルの学者やマスコミからすごい取材が来た。主人の岡田英弘や私の著作の他にも、日本のものをどんどん翻訳したんですよ。

宮崎　歴史の空白があるわけ。

宮脇　ものすごい空白。モンゴルは「モンゴル人民共和国」になった一九二四年から社会主義国でしたから、過去は否定するだけでした。チンギス・ハーン一族は悪い封建領主で、人民の敵だから、教える価値もない。

国際学会でウランバートルを訪問していたわれわれに、モンゴルの新聞社やテレビ局が

大統領府の玄関はチンギス・ハーンの大銅像

取材に来て、チンギス・ハーンはどんな人かと聞くので、「チンギス・ハーンの時代には文字もないし、記録もないし、孫のフビライの時代から記録が始まって、息子が誰々で」と説明しても、息子や孫にはいっさい関心がない。その重要性をどんなに説明しても、チンギス・ハーンのことしか興味がない。あとで説明しますが、死んだあとチンギス・ハーンだけを神様として祀《まつ》った。遊牧民は家畜を連れて移動する生活だから重いものは邪魔だし、神様も一人で十分なんです。

それで、民主化後にモンゴル帝国の地図と、順番に五代までの君主の肖像画の切手を出したんですけど、第五代フビライと第二代オゴデイの肖像画が間違って入れ替わっていました。

宮崎　いきなり面白い話になってきた。

ところで、昨秋（二〇一四年）三年ぶりに、ウランバートルに行ったのです。そしたら郊外に、ピッカピッカの天主堂みたいな巨大なチンギス・ハーン記念館ができていてね、見学したら昔の鎧《よろい》から刀剣から何からみんな飾ってあるんだけど、元寇《げんこう》で日本に攻めたときの鎧だというのまであった。それで女性ガイドにこう言いました。「あんたたちは神風が吹いたからウチが負けたんだって説明しているけど、冗談じゃない。鎌倉武士が強かったから日本が勝ったんだ」と。そしたらキョトンとしていた。

宮脇　かれらはかつて日本に攻めてきたことも、一九九二年まで知らなかった。実際モンゴルは世界中を攻めたから、日本はワンノブゼムとしか思っていません。しかも負けて帰ってきたからなおさらです。だから、元寇については本来あまり熱心じゃない。それでもモンゴルの歴史を教えてくれる日本人が、義経《よしつね》伝説（義経とチンギス・ハーンが同一人物であるという説）と蒙古《もうこ》襲来（鎌倉時代には元寇とは呼ばなかった）ばかり言うもんだから、かれらも必死で勉強して、史料が何もないなかで、例の「蒙古襲来絵詞《えことば》」のコピーをつくって歴史博物館に飾っているのです。

宮崎　ああ、なるほど。その絵詞のコピーも、確かにありました。

フビライとオゴデイが入れ替わった切手

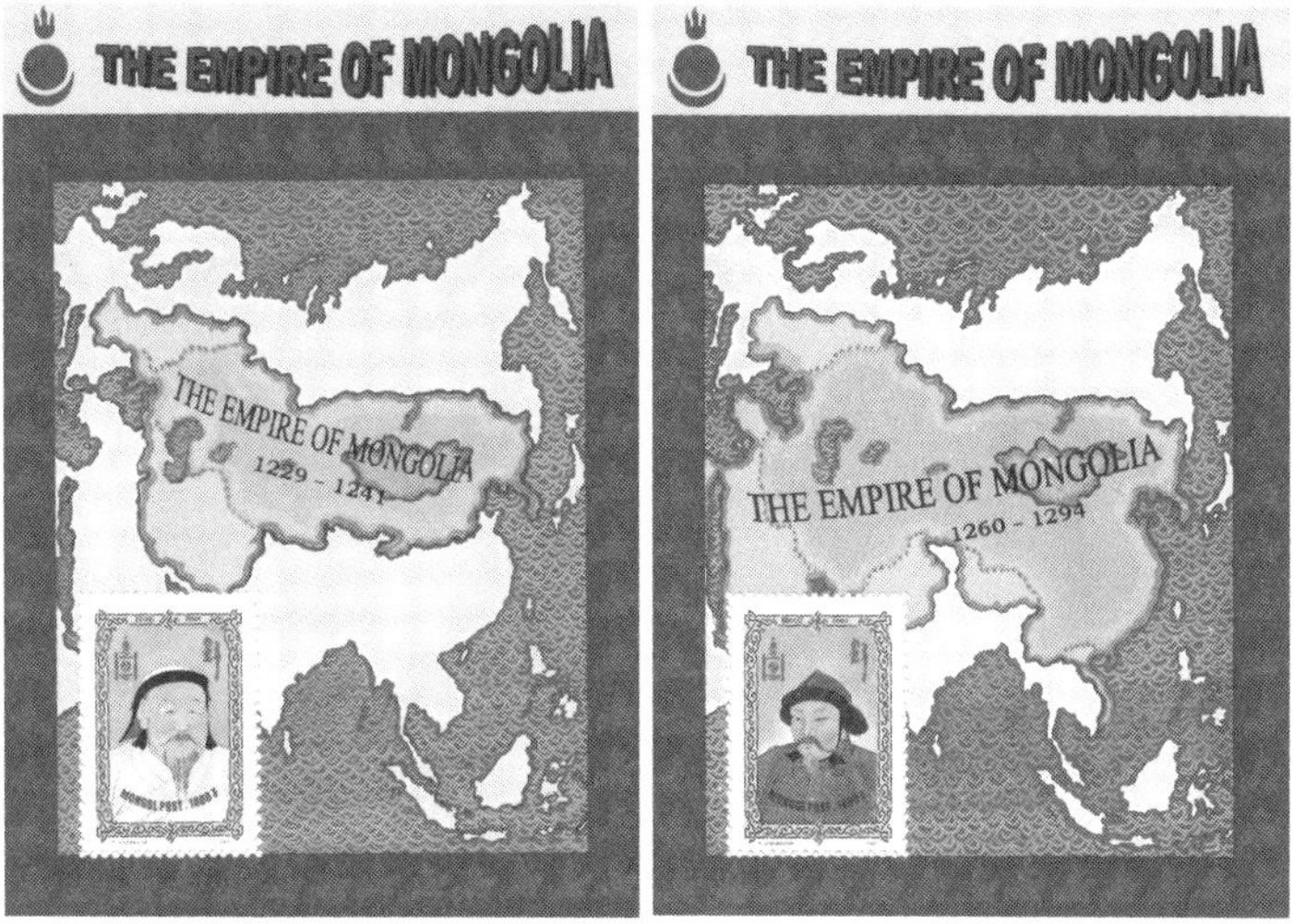

左は肖像がフビライだが、名前と在位年代と版図はオゴデイのもの。右は肖像がオゴデイだが、モンゴル語でつけられた名前はフビライとあり、在位年代と版図もフビライのもの。

モンゴルの通貨は全部チンギス・ハーン

宮脇　あちらには当時の絵がないんですよ。だからあれが唯一同時代のモンゴル武士を描いた史料なんです。

宮崎　いまやモンゴルの通貨はすべてチンギス・ハーンの肖像だけど。

宮脇　通貨の図柄がどれもそっくりで、いくらのお札かよくわからない（笑）。

宮崎　チンギス・ハーン記念堂のまわりに、鷹匠《たかじょう》がいて、鷹を観光客の肩に乗せたり、近くに乗馬クラブみたいのがあって、馬に乗せたり、完全にウランバートルのディズニーランドと化しています。

宮脇　観光として外国人を呼ぶ目玉もチンギス・ハーンしかありません。

宮崎　ウランバートルの市内でいちばんの高級ホテルはチンギス・ハーン・ホテル（Chinggis Khaan Hotel）。しかし、このホテルは韓国資本です。レストランは焼肉しかない。

宮脇　はじめの朝青龍のお酒の話もそうですが、チンギス・ハーンがモンゴルで解禁となったとたんに、全部の商標にチンギス・ハーンが入り、それこそトイレットペーパーにまで刷りこんで、いくらなんでもそれで尻拭《ふ》くのかよと（笑）。さすがのモンゴルでも賛否両論になったようです。

名前を漢字で書けばすべて「中華民族」

宮崎　内モンゴルにはチンギス・ハーン陵がありますね。中国の内モンゴル自治区のことで、モンゴル人はあくまで「南モンゴル」と言ってますが。

宮脇　オルドスですね、黄河の屈曲のなか。オルドというモンゴル語は帳殿《ちょうでん》（巨大なテント）のことで、チンギス・ハーンが死んだあと移動式の御陵となり、それを祀る遊牧民と一緒に黄河を越えて南下したので、あの土地をオルドス（オルドの複数形）と呼ぶようになったのです。中国が固定式の建物にしてしまいました。

宮崎　パオトウ（包頭）からオルドスへ行ってオルドスの南に、世界でも悪名高き百万人の幽霊都市がある。カンバシ新区という。そこからさらに十五キロぐらい南なんですよ、砂漠の真ん中にチンギス・ハーンの墓陵と称するものがあって、山のように中国人観光客が観にきている。それでね、非常に不思議に思ってそのへんにいた中国人にこう質問しました。「これは異民族がお宅を支配したんじゃないの、それなのに漢族であるあんたたちが異民族の英雄を尊敬して御陵にしているわけですね」。すると「あれは中華民族だから一緒なんだ」と答えた。

宮脇　チンギス・ハーンは中国の英傑にされています。なぜなら名前が漢字で書いてあるから。それから孫のフビライが建てた元朝《げんちょう》の太祖と死後に呼ばれた。元朝はシナ王朝の一つで、その創始者だからいいんだ、と。もう一つは、モンゴル族はいま現に中華民族だからという理由です。

宮崎　チベットも中華民族。

宮脇　そう、黄帝《こうてい》（中国の伝説上の帝王）の子孫という神話を根拠にしています。

宮崎　だから五十五の少数民族が全部中華民族にされたわけだ。漢字の読み書きもできない民族まで。それなら、中華民族とはいったい何ですか、と質問をしたら答えられない。当たり前で、文化人類学的にはない民族名だからね。言ってみれば架空の民族でしょう。話をもとに戻すと、要するに中華民族のなかに異民族の英雄もひっくるめちゃったから、チンギス・ハーンが中国でも英雄になっちゃった。これって史実的にもずいぶんと飛躍している。

宮脇　しかもいちばん遠いヨーロッパまで攻めた英雄です。

宮崎　ヨーロッパのどこ行っても、ハンガリーへ行っても、ヒト、モノ、カネを掠奪《りゃくだつ》して、ウィーンの手前まで行っていますからね。もしウィーンを取っていれば、いまのヨーロッパの言語というのは、義務教育がモンゴル語だったかもしれない（笑）。

宮脇　当時はまだモンゴル語はありませんでしたけれど。オゴデイ・ハーンがお酒を飲み過ぎなければ（モンゴルにいたハーンが酒を飲み過ぎて急死したので、彼を総大将とした遠征軍は引き揚げなければなりませんでした。次の君主を選んで総大将にしないと戦争ができないんです）、モンゴル軍は絶対フランスまで行って、ドーバー海峡まで間違いなく達しています。

宮崎　ユーラシアをあちこち旅行していますと、ああ、ここまでチンギス・ハーンが来たのかって、驚きます。

宮脇　宮崎さんはこのあいだコーカサスへいらしたし。

宮崎　コーカサスにも、ここまでモンゴルが来たって跡、たくさん残ってましたよ。

宮脇　一部隊が別働隊としてコーカサスを走り回っています。だからモンゴルとの混血も非常に多い。それから、じつはコーカサスの部族を内モンゴルへたくさん移住させています。

宮崎　そうでしょ。だってウイグルがそうだ。中国のいう「新疆《しんきょう》ウイグル自治区」にはかなりモンゴル人を強制移住で入れているでしょう？　いちばん移されたのは満洲族だけれど。

宮脇　いえ、ウイグルはモンゴル人が入る以前からもともとコーカソイドです。ヨーロッパ系の人はあのあたりから出発して西に行っています。だからとても古い古墳から、コーカソイドのミイラが出てくる。別にヨーロッパ人が入ってあの顔になったのではなくて、もともといた人たちの上に、東のモンゴロイドがかぶってそうなった。

宮崎　それを言いだすと、二千六百年前の孔子《こうし》様は山東《さんとう》の人だけど、あの同時代の人骨をいまDNA鑑定するでしょ、そしたらこれ人種的に漢族《かんぞく》ではない。背が二メートル近くあって、目がブルーで、ぜったい漢族じゃないっていう判定も出ています。

宮脇　陸続きというのは、移動がけっこう簡単で、だから文化的にも、都市国家も中近東のほうが古いから、西方からシナに伝わったという研究もあるんです。人は絶えず移動していました。アジア人種とかヨーロッパ人種というのは後世に言い出したことで、「いったいどの割合で」と言わなければいけないぐらい、じつは混血が盛んで、モンゴル時代はもちろん、東の人も西に行ったし西の人も東に来ているのは間違いないです。

宮崎　そのころから、シルクロードはあっただろうしね。アゼルバイジャンやグルジアの各地には砦《とりで》のようなキャラバンサライ（隊商宿）が残っています。

宮脇　シルクロードはうんと古くからラクダで行きますけど、紀元前一〇〇〇年に騎馬が誕生した北のほうは人が馬で移動していました。

宮崎　中国だって西夏《せいか》のあった寧夏回族《ねいかかいぞく》自治区とか、青海省《せいかい》あたりに行くとだいたい砂漠ですよ。日本人がよく行く敦煌《とんこう》なんて、真冬は半年雪に閉ざされるのに、夏行ったら砂漠でラクダがいる。だから漢族文化に何の関係もない地域だなっていうことがよくわかります。甘粛省《かんしゅく》の酒泉《しゅせん》あたりが万里の長城の最西端です。

宮脇　でも、紀元前の漢の武帝《ぶてい》も敦煌には馬を探しに行きました。だから漢字が伝わったところはみんな中国だって主張するんですよ。つまり、漢族とは人種じゃなく、文化概念なんです。漢字の「中華」も。

宮崎　漢族というのも文化人類学的にいえばモンゴロイド系。漢族は文化概念だよね。

宮脇　そうなんです。出自はなんでもいいけど、漢字さえ使えば漢族なんです。

宮崎　そもそも、歴代王朝にしたって、隋《ずい》・唐《とう》は明らかに牧畜狩猟民族の鮮卑《せんぴ》系です。なんで鮮卑系も漢族になったかというと、漢字を書いて中華料理喰ったから。もう、それで一緒に漢族に飲みこまれちゃった。

宮脇　その時代はまだ文字が漢字以外になかった。そのあといろんな文字が生まれて、いかにも日本人が言う「民族」に見えるけど、違う文字や言葉を持っている人たちも便利だから、当時の国際語である漢字を使うようになります。途中から漢字の名前に変えたことで、漢族にされた。

宮崎　殷墟《いんきょ》のある河南《かなん》省安陽《あんよう》市に行った際に、甲骨《こうこつ》文字の博物館を見たのだけど、「ここから漢字になった」ということだけを強調していて、他の不都合な歴史はみんな外して展示してある。おしなべて向こうの博物館というのはそんなものなんだけれど、そういう意味でも、中国人の本質というか、歴史に対する解釈が非常によくわかるので、博物館の見学も面白いですよ。

宮脇　漢字の話は非常に重要なので、あとでまた詳しく議論したいと思います。

満洲・蒙古の再結集は不可能

宮崎　このあたりから本章の本題に入りたいと思うのですが、満洲・蒙古の再結集は、ありうるだろうかという話。現時点で見る限りにおいては、まったく考えられないシナリオですけどもね。

宮脇　難しいですね。

宮崎　だからチャンスがあるとしたらどういう想定ができますか？　四千年の歴史のなかでね、常に王朝が変わっているわけだから。

宮脇　汎モンゴリズムは、二十世紀になって日本人が言いだしたことで、モンゴル人から出たのではありませんでした。ロシアとモンゴルと満洲に分かれて住んでいるけど、同じモンゴル人なんだから、一つになればと日本人が夢想した。モンゴル人による民族ナショナリズムというのは非常に遅れて出てきた。

宮崎　あれは要するに、満蒙開拓団がどっと行って、満洲建国の前後に、各地に親日政権をつくったでしょう。このいきさつというのは、いままったく日本の歴史のなかで語られていないから、ほとんど誰も知らない。ところがたとえば、いま内蒙古自治区に編入されているけど、赤峰《せきほう》に行くと、カラチン府がありますでしょう。そこにいくとちゃんと御殿は再現されていて、教師として派遣された河原操子《かわはらみさこ》という日本人女性の物語から、写真も飾ってある。カラチン王の銅像は立ってるし、一応評価するような動きもあるのかな。

宮脇　内モンゴル人は北京に対抗するために日本を持ち出しているし、内モンゴルから日本に留学してくる人は、モンゴルで初めて女子教育をした河原操子のことをみんな研究したいと言います。カラチン王の奥さんは、川島浪速《なにわ》の娘になった川島芳子の叔母にあたります。川島芳子のお父さんは満洲の粛親王《しゅくしんのう》で、その姉妹がカラチン王に嫁に行ったわけです。清朝時代、モンゴルと満洲はずっと通婚関係にあるので、一族のようなものなんです。だから日本も満蒙と呼んだわけですけど、そこに河原操子さんが入って、日露戦争のときのスパイの基地になりました。カラチン王は大阪万博を見に来て、いちばんはじめに日本から近代化を取り入れた人です。満蒙独立運動もそこが拠点となって二回やっているんですね。清朝が崩壊するときに満洲とモンゴルは一緒になって独立する、という動きがあるんだけれども、北のほうのモンゴルははじめ帝政ロシアやがてソ連と組み、南が日本と組む、ということでモンゴル内での主導権争いがひどかった。モンゴル人たちは自立心に富むうえに部族主義なので、仲良く一つにまとまるということが非常に難しい人たちなのです。

宮崎　各地に親日政権ができたのに関東軍の支援というのはみんな中途半端で、途中で路線変更になっちゃうから、向こうから見れば日本に裏切られたってことになります。南モンゴル出身の文化人類学者・楊海英《ようかいえい》さんの著作の基調にも、そういうトーンが流れている。

宮脇　そうなんです、しかも現地にいた日本の軍人は自分のことをだいたい二階級ぐらい上だってほらを吹いているんですよ。大陸浪人は「俺に頼んだら日本から金取ってくる」とかみんな大言壮語した人たちが多かった。

宮崎　大陸浪人は壮士型でほら吹きも多い（笑）。だから大ぼら吹きの孫文と共鳴したんじゃないんですか。

宮脇　だからあのときの日本は、投資はしたけれども誉められたものではないと私は思います。大陸浪人はみんな大国が後ろについていると、北のチタでもウランバートルでも豪語しています。北のラストエンペラーは日本に対して援助要請の手紙を書いているし、南のモンゴルで独立運動をした徳王デムチュクドンロブは、二度来日して天皇陛下にも拝謁しています。日本は満洲国を建国したのでそうとう期待された。内モンゴル人はいまでも言っていますよ「もういっぺん来てくれないかな」って。

宮崎　いまの日本の精神的惨状をみたら、そんなこと考えられませんが……。

英雄のいないウイグル

宮脇　チベット人も言っていますからね。日本もいっぺん来てくれないかなって。

宮崎　ともかく日本、期待が大きいですよ、ウイグルも日本への期待が。

宮脇　ちょっとここでウイグルの話をしたいと思います。新疆ウイグル自治区から日本に留学している人は多くて、成功もしています。みんな美男美女で、背が高くて、優秀でかわいい子たちで、日本語がすごく上手なんです。新疆のなかでも北のほうにいるトルグートというモンゴル系の部族からも来ていて、私の専門分野が西モンゴルの歴史という縁もあり、みんな友達なんです。それで、ウイグルの民族運動の指導者、ラビア・カーディルさんが二〇一三年に訪日したときも、みんなで新疆の現状を日本人に知ってもらうために頑張ったのですけど、その彼らが嘆くのは、チベットにはダライ・ラマがいるけど、ウイグルには英雄がいないと。

宮崎　うん、精神的支柱になりうるリーダーはいない。

宮脇　あなたたちがお兄さん、お姉さんとしているじゃない、と私は答えましたが。とにかく主になるような指導者がいない。いちばん大きな理由は、ウイグル人という民族ができたのが二十世紀と最近のことですから。

宮崎　東トルキスタンは何年続いたんですか？

宮脇　東トルキスタン共和国というのは、一九三三年と一九四四年の二度、樹立されているんです。新疆北部で成立した二度目の共和国は、一九四九年に指導者が死亡したあと、中国の人民解放軍が進駐して武力抵抗を徹底弾圧し、一九五五年に新疆ウイグル自治区が成立しました。

宮崎　結局ね、ロシアの黙認状態もしくはロシアの支援があって、東トルキスタンができたけれども、ロシアの方針が変わっちゃって、指導者をモスクワに呼んで、飛行機事故で。

宮脇　モスクワに呼んだのではなく、ロシアの飛行機で北京に行く途中、シベリアのイルクーツクで墜ちた。

宮崎　それで指導者がみんな死んじゃって以後、それぞれの組織はばらばらになっちゃった。それ以来抜きん出た指導者が一人も出ない。その代わりＩＳＩＳに共鳴するイスラム過激派が出るでしょう。

宮脇　それは新疆ウイグル自治区が北と南で人が違うからです。北はいわゆるモンゴル系が入っていて、東トルキスタン共和国もどちらかというと北が中心でした。一方南のオアシス都市は、町があまりにも離れていて、ばらばらで、そもそも地理的にまとまりがありません。カシュガル人とかホータン人も自分たちの町を離れたがる人は少ない。

宮崎　ホータンとカシュガルは違うし……。

宮脇　哈密《ハミ》も違うし……。

宮崎　ウルムチはもう完全に漢人が入っちゃった。人口比が逆転しています。

宮脇　ウルムチはもともと清朝時代になってから草原のなかにできた人工都市ですから。中華人民共和国が新疆を併合したあと、ウルムチを中心に生産建設兵団という、家族を連れた退職軍人の草刈り場になりました。

宮崎　ハミは瓜の産地で農業国家、瓜がうまい。ワインは最高品ができます。トルファンは海面下。それから孫悟空の火焔山《かえんざん》があって。それで高昌城《こうしょうじょう》という地下都市があるよね。

宮脇　高昌国というのは、とても古い時代、五胡十六国《ごこじゅうろっこく》の乱のあとの北魏《ほくぎ》のあたりに、漢人が出て行ってつくった街です。

宮崎　ベゼクリク千仏洞《せんぶつどう》という巨大な仏教遺跡がありますよ。バーミヤンの石仏を破壊したようにイスラム教徒らが最近はみんな仏像だけをぶっ壊していますが、とにかく土地によって歴史的文化的背景がぜんぜん違う。

宮脇　新疆ウイグル自治区は、北と南も人が違いますが、西と東も人が違うんですよ。カシュガルとホータンは、西方のウズベキスタンの商業圏です。昔もコーカンド・ハン国からヤークーブ・ベグが入って来て清朝に対抗したんですけど、ハミ、トルファンはどちらかといえば西寧《せいねい》・甘粛に近くて、中国人のイスラム教徒である回族が行く。

宮崎　そうそう。回族っていうのはイスラム教徒だけれども漢族だからね。話をちょっと戻すと、トルキスタンの指導者がみんな殺されてばらばらになっちゃって、しかも部族が違うと、いま、世界各地に分裂したウイグルの団体は、十三ぐらいある。イスタンブールとミュンヘンが拠点ですが、みんなバラバラ。

宮脇　日本でも喧嘩《けんか》してるし。

宮崎　そのうえに、横の連絡が何もない。

宮脇　ラビア・カーディルが唱えているのは平和主義でも、それに共鳴する人たちは少数派で、新疆の活動家のたいていは、いまのＩＳＩＳに共鳴している過激派です。だからまずこの指導層をまとめないことには、絶望的です。

宮崎　最近ウイグル人が雲南《うんなん》を通ってミャンマーから、タイに入ったでしょう。ウイグル難民はタイに三百人ぐらいいて、みんなわれわれはトルコ人だと言ってる。そしてトルコにも何人かそこから行ってるんですけども、タイが北京に遠慮して七月に百九人を中国に強制送還したでしょう。これでまた世界中の非難の的になってね。八月に起きたバンコクのエラワン廟《びょう》爆破事件の実行犯は、あれみんなウイグルだという説もあれば、いやタイの軍の謀略説からトルコの諜報《ちょうほう》機関説まで飛びかっています。

ともかくミャンマーからタイまで行って、トルコに行くウイグル族は若い子と子供、女が多い。理由はインドにダライ・ラマ政権があるように、トルコに亡命政権をつくり、それで半世紀ぐらいかけて子供たちを育てていこうという深謀遠慮じゃないかとウイグルの人が言っている。

暑い南インドに入植せざるをえないチベット人たち

宮脇　百年前は新疆には漢人はほとんどいませんでした。侵略されたのだから、それはもう絶対に許しませんからね。チベット人はいまインドにものすごく根をはやしています。可哀そうに、あんな暑い南インドに。

宮崎　ダライ・ラマの亡命政府があるのは寒い北インドですが？

宮脇　チベット人は南インドにものすごくたくさん入植しています。北インドのダラムサラはあまりにも場所が小さくて、全員を受け入れられなかったんですよ。それでインド政府に泣きついたら、インド人も住まないような南インドの荒地を与えられた。現在世界中に十三万四千人の亡命チベット人が暮らしているのですけど、インドには十万人います。インド南部のカルナタカ州の数カ所に大規模なチベット人難民入植地が開かれました。チベット人は荒れ地を開拓して農産物をつくっているんです。暑くて悲しかったという話ばかり聞きますが、けっこう根付いていて、南インドの入植地に、一九七〇年代になってから、ガンデン寺、セラ寺、レプン寺というチベット仏教の三大僧院が再建されました。

宮崎 ラサのセラ寺も有名ですが、南インドにもチベット仏教の寺院があるんですか。

宮脇 はい。そこに民主化後にチベット仏教も復興したウランバートルから、モンゴル人のお坊さんが留学しています。

ダラムサラがあまりにも山のなかで、場所が狭くて、どんどんチベット人が来るのに、住む場所が足らなかったからです。もちろん、たとえ人のいない荒地だとしても、農地をインド政府がちゃんと難民たちに譲っているというのはすごいんですけれど。ただいかんせん暑い。チベットは涼しいところなのに。

宮崎 そうでしょうね。私はインドに八回ばかり行って各地を廻っていますが、チベット仏教寺院は見たことがなかった。ともかく南インドときたら、暑いなんてもんじゃない、四十三度とか。あまりにも暑くて、日本の熱中症どころじゃないでしょう。ちょっと暑いとその日に死者千人単位ですからねえ。

宮脇 チベットはやっぱり仏教がありますでしょう、文字と言葉があるでしょう。歴史も古くて、言葉も日本の聖徳太子のころからあるわけだから、千何百年もの伝統がある。それにダライ・ラマがいるということで、アイデンティティがものすごくはっきりしています。また、チベット仏教は仏教の本流が伝わっているので、インドで仏教が廃れているぶんだけ、欧米が非常に重要視して大事にしている。「この文明を絶やしてなるものか」という援助者がすごく多いわけです。日本人ももちろん仏教徒だし。だからチベットは消えない。どんなに中共が弾圧しても、チベット人を世界から抹殺はできない。

宮崎　それともう一つは西洋人の誤解なのですが、禅もヨガも仏教もチベット仏教もみんないっしょくたになる。あの人たちにとっては。瞑想《めいそう》空間というのはインドのそこらじゅうにあるんだけど、いちばん有名なものの一つが、ボンベイから東へ二百キロぐらいのところに、プネーという緑豊かな都市があって世界一のヨガセンターがある。ここ、みんなチベット僧の服装をしているけど、西洋人です。男も女も。みんなそこに籠《こも》ってね、何カ月も修行していて。たとえばハリウッドのスティーブン・セガールとかリチャード・ギアはチベット大好きでしょう。だから、チベットはいまの路線で中国が力を失ったときには、自然発生的に独立するだろうね。中国ももう面倒見きれないからあきらめているかもしれない。

宮脇　チベットは、チベット人以外はよっぽど援助がないと生きていけない高度にあります。標高が高すぎてすごく酸素が薄い。だからいま入っている人たちはものすごく儲《もう》かるから行っているだけで、援助が消えたらとても暮らしてはいけない環境です。

宮崎　漢族の入植の話ですが、あれは拠点がだいたい四川省成都《しせんしょうせいと》なんですよ。それから青海省の西寧《せいねい》からも来るんだけど、みんな冬場はラサの店を閉じて帰るの。

宮脇　やっぱり。

宮崎　夏場だけ来て店開いて、チベット人に書かせたタンカつまり仏教画を千円ぐらいで仕入れて三万円くらいで売るんだから。あくどい商売ばっかりして。

宮脇　でも軍人も多く入ってますよね。

宮崎　軍人はもちろん駐屯している。ところが半分高山病になって（笑）、長期的滞在ができない。胡錦濤《こきんとう》はチベットの書記だった時代、ほとんど成都にいたんですからね、ラサにはいない。

宮脇　だから本当にチベット人でないととても生きていけない環境です。

宮崎　小生はタバコを吸うから、高山病に対してはぜんぜん平気です。酸素薄くてもね。ただラサにいたときに三日三晩酒やってて、四日目にね、ちょっと飲みすぎたんですよ。たちまちきたね、高山病。頭がガンガンガンガンして、ほとんど寝られない。

宮脇　危ないですよ、やっぱり。

宮崎　で、翌日成都に降りたら途端に治ってね。昨日あんな病気に罹《かか》ってたのが嘘みたい。ま、それでチベットはともかく、少数民族の独立は将来的にチャンスは多いと思います。

中国が警戒するイスラムの連帯

宮崎　ウイグルとて問題が多いけれど、ただ世界中がイスラムの連帯を始めていて、いざという場合にはイスラムがこぞってウイグル独立を支援します。

宮脇　はい、私もそう思います。

宮崎　それからもう一つ、トルコが大きな支援をする。トルコはやっぱりオスマン・トルコ復活の夢をまだ持っていますから。もう一つはその前段階として、イスラム過激派の動きですね。いまISISの部隊に三百人ぐらいのウイグル部隊がある。これがいま、トルコ国境に近いところでほぼ独自行動をとっています。中国はそれをいちばん気にしている。彼らが軍事訓練を受けて中国に潜りこみ、爆弾テロをやられたらたまらない。

宮脇　新疆は英語では歴史的に東トルキスタンと呼ばれていて、西隣のウズベキスタンが西トルキスタンですが、ウイグル人とウズベク人は、顔かたちも文化も言語もそっくりです。そもそもトルキスタンという言葉は、トルコ人の土地という意味だから、中国ではこの言葉はタブーです。

カザフやキルギズはもともとが遊牧民だから、ウイグル人とは少し違う文化を持っていますけど、やはりトルコ系だしイスラム教徒という点では、中国の漢人にくらべたらウイグル人にずっと近い、親戚《しんせき》みたいなものです。だから、いまは中国にお金があるからカザフもキルギズもおとなしいですけど、中国にお金がなくなってウイグルにあんまりひどいことをし続けたら、ウイグル人の味方になるんじゃないでしょうか。

国内植民地・モンゴルの実状

宮崎　ウイグル独立は横において、日本に近い満蒙の地。とくにモンゴルがどうやって再起できるか。その可能性はどんなふうにしたらあるのか。モンゴル・ナショナリズムは、少なくともウランバートルで見る限りあまり感じないですね。

宮脇　モンゴル国は、一応は独立国として承認されているし、なんだかんだ中国と平和裏にやっています。それに、モンゴル国の人口より多い内モンゴル人まで抱え込めないし、モンゴル国だけで自立してやっていける意識というのがそもそも低い。

宮崎　モンゴルはいま経済が完全に中国に依存してるから。対外貿易の九〇%が中国です。だからモンゴル大統領は二〇一五年九月三日の北京軍事パレードに参列しています。

宮脇　そうなんですよね。

宮崎　要するに鉱山しかないじゃない、資源は。それ全部石炭から何から買って、それ全部トラックと列車で運べるのは中国だけだからね。日本は遠いですからね。石炭を空輸するわけにいかないし。

宮脇　そうです。内陸国で海に出る場所はすべて外国だし、経済的に抑えられているので。

宮崎　そのくせ国民はみんなアメリカ大好きだ。あれも一夜にして変わったんだね、モンゴル人は一夜にしてロシア嫌いになった。

宮脇　民主化したあと最初は、悪いことはみんなソ連とロシアだったというんで、すぐにロシア嫌いになって、でもさすがに中国のほうがもっと嫌いだから、日本とアメリカに向いたけど、日本人があんまり積極的にならないんで、アメリカになびきました。アメリカは民主化のあとすぐにキリスト教の各派が教会をいっぱい建てて、ただで英語を教え始めました。それでものすごい数のモンゴル人がアメリカに流れた。

宮崎　英語の達者なモンゴル人が多いです。

宮脇　もともとモンゴル人は語学が得意で、内陸国なので、何カ国語も話せる人が多く、遊牧民でもロシア語の放送を聴いていました。昔から、ロシア語くらいなら誰でもなんとかなった。それで九二年からロシア語の先生がみんな英語の先生になった。

宮崎　道路標識から商店の看板からみんなロシア語と英語併記なのです。それで、あれはロシア語ですかと聞いたら、「違います。この看板はロシア文字表記だけどもモンゴル語です」って。

宮脇　古いモンゴル文字は縦文字ですが、それを一九四〇年代にスターリンが禁止して、横文字のロシア文字に変えさせた。それ以来ロシア文字（キリル文字とも言います）で書くんですが、読めばモンゴル語なんです。モンゴル語はロシア文字よりも母音が多いので文字が増えている。内モンゴルではいまもチンギス・ハーン時代からの縦書きモンゴル文字を使っていますが、モンゴルでは復活運動があってもあまりにも古典的な文字なのでうまくいきませんでした。ロシア文字と併用して看板などに復活させていますが、英語はみんなすごく達者ですよね。アメリカ留学も非常に多いし。

宮崎　それからモンゴルに大学がけっこうあるんですよ。

宮脇　民主化後にたくさんつくりましたから。

宮崎　ずいぶん大学生がいる。しかしこういうことは、どの国もそうですけど、教育は大事だと大学をつくって、卒業する。でも職がない。結局、外国に出るんですよね。だからこれはどの新興国もみんなそうだけど、国内に雇用がないでしょう。キルギスだって、ジョージア（グルジア）やアルメニアもそうですが、すごく大学があるのに、優秀な人の雇用がない。だからみんなロシアに稼ぎにいかざるをえない。そういう意味で中国とモンゴルはぜんぜん絆《きずな》が切れない。

宮脇　清朝《しんちょう》はモンゴルの宗主国でしたからね。モンゴルも北にブリヤートがあり、姉妹関係、兄弟関係で、昔はブリヤート・モンゴル人がいまのモンゴル国の住民の家来筋だったんですね。スターリンがブリヤート・モンゴルという民族名をやめさせて、モンゴルとの関係を切らせたんですよ。大同団結されると困るので。それでたんにブリヤートと言いますが、それでも、モンゴル国のモンゴル人と結婚もしているし、けっこう行き来がある。だからモスクワへ直接行かなくても、ウランバートルは北のモンゴル人とは交流をして商売もしている。でも北は貧乏だから中国と付き合わざるをえません。

宮崎 もう一つ、モンゴルとしては、いまの中国内蒙古自治区ね。それとロシアのウラン・ウデあたりにあるモンゴル族自治区。やっぱりこの三つを合同したいと思っているんじゃないの？ 大理想としては。

宮脇 いま内モンゴル自治区の人口の八割は漢人ですから、土地としてモンゴル国との合併はとうてい無理なんです。チベットもけっこう漢人が来るけど、高所だから補助がなかったら逃げてしまう。だからいいんだけど、内モンゴルのほうは漢人が住み着いてしまった。その人たちをどうするかってことになりますでしょう。もう遊牧地がないんですよ、内モンゴルには。

宮崎 中国政府はテント生活をやめろ、と言ってアパートをどんどん建てて。

宮脇 レンガの、ねえ。

宮崎 アパートに入れってみんな都市に呼びこんでしまった。

宮脇　男だけ放牧に行けと言って、残りの家族は全部固定住居に移住させました、フルンボイル草原まで。

宮崎　だからフルンボイルも行きましたが、あれだけ広い土地に人家はまばら、まさに「空と地面しかない」と一緒に行った息子が驚いていました。モンゴル人の伝統である牧畜もかなり廃れています。羊毛産業は残っているけどね。

宮脇　食肉工場も牛乳工場とかも全部漢人経営ですよ。モンゴル人はどんどん貧乏になって、日本に来ているモンゴル留学生が偉いのは、自分たちで留学生協会をつくって、日本で稼いだお金でモンゴル人の子供たちの奨学金を毎年出している。本人に直接渡す仕組みです。そうでないと途中で何があるかわからないから。だから漢人のせいで貧乏になった。

宮崎　日本にいるモンゴル人は、みんな日本語達者ですね。

宮脇　ねえ、みんなかわいいし。優秀でね。

宮崎　日本語によどみがないんですよね。

宮脇　「てにをは」もきれいでね。

宮崎　中国人のしゃべる日本語というのは中国語の発想でしゃべるから、すぐわかるよね。ああ、あんた中国人って。「アル」か「ナイ」かって。

宮脇　要するに中国語には「てにをは」がないので、何にでも「スル」「アル」をつける。

モンゴル語には「てにをは」があるんです。日本語もモンゴル語も膠着語《こうちゃくご》といい、語順も同じで「てにをは」のような後置詞がある。だから日本語がものすごく上手になりますよ。それからモンゴル語のほうが発音が多い。子音と母音が日本より多い。そうするとモンゴル人は話せる音のなかから選んでしゃべるから、向こうは発音がすごく楽なんです。反対に私たち日本人がモンゴル語をしゃべるのは大変ですよ。日本語にない音がいっぱいあって、ヘタクソになるんです。棒読みになる。

宮崎　言葉の天才というのは世界のあちこちにいるんだけどもね、たとえばアルメニアとかもやっぱり言葉の天才ですよね。

宮脇　まわりを異民族に囲まれていますからね。

宮崎　キリル文字の元祖は、アルメニア文字だった。アルメニアには、アルファベットを大きく並べた文字公園もあります。

宮脇　というかその元はギリシャ文字から行ったんです。

宮崎　グルジア（一五年六月からジョージアと改称）がそうだから。この辺は言葉の天才が多いんですよ。どんな発音も一応できる。日本でも昔は「ヰ」とか、「ヱ」とか違う発音があったじゃない。「社会」も「しゃくわい」と発音していた。あの発音は戦後のおかしな国語教育によって日本語から消えちゃった。

宮脇　そうですよ。日本語が単純なので、外国語の発音も棒読みになるんですけど。ああ、でも中国語でも、青海省の中国語はすごい発音が単純なんですよ。北から下りてきたアルタイ系の人たちは、いまの普通話《プートンホワ》の四声《せい》とかも上手じゃなくて、二声くらいしかないんです。中国は南に行くほど声《せい》が多くなって、香港は八つとか、ベトナムへ行くともっと多いのですけど、……

宮崎　ベトナム語は十一ある。

宮脇　普通話の元になった北京音が四つ、たとえば媽、麻、馬、罵の声が、mā má mǎ mà、青海省のあるグループはそれもできなくて棒読みだということを私の友人の言語学者が研究しています。だからシナはそれぞれの地区によって非常に違う。したがって決して一枚岩じゃないけど、それをまとめるのは、ああいう強権の残酷さですね。結局、中国の本質は国内植民地を持つ帝国だということです。

宮崎　先述した楊海英教授の『植民地としてのモンゴル』（勉誠出版）を読むとその凄惨《せいさん》さがよくわかります。南モンゴルを侵略した中国は、まず漢族を大量に入植させ、人口比を逆転させた。モンゴル独立派ばかりか、革命後、共産党に協力したリーダーたちも文革中に粛清した過程が書かれています。

「（文革中だけでも）三十四万人が逮捕され、二万七千九百人が殺害され、十二万人に身体障害が残ったという惨状」となった。ただし、この数字は中国共産党の調査結果の内部資料であり、ごく控えめな数字で、専門学者のなかには三十万人が殺されているとする説もあります。こういう恐るべき実態を日本人は知らないのです。

英雄を否定する日本「戦後教育」の過ち

宮崎　いまのモンゴルの問題は英雄がいないことです。横綱くらいしかいない。それで、いきなり戦後日本の話に飛ぶようですけど、日本の戦後の歴史教科書になぜみんなぜんぜん興味がわかないのか、その原因は何かというと、ＧＨＱの命令でいろんな小細工をしたし、日教組もつまらない教育をしたこともさりながら、歴史教育で英雄の物語を教えなくなったことです。

　戦前の日本の歴史というのはみんな英雄単位で教えていたでしょう。ヤマトタケルノミコトから始まって、義経から徳川家康からずーっと英雄がいてね、明治維新も乃木《のぎ》大将、東郷平八郎、ほかにもたくさんいます。で、英雄というのは日本の場合神社になる。見てください、和気清麻呂《わけのきよまろ》、菅原道真《みちざね》、楠正成《くすのきまさしげ》、みな神社に祀られています。家康は各地に東《とう》照宮《しょうぐう》がある。鹿児島には西郷神社があるでしょう。大久保神社はないけれど（笑）。山口市には木戸孝允《たかよし》神社はありますが、廃れている。それから松陰《しょういん》神社は山口と世田谷区と二つある。乃木神社はもちろん、東郷神社もある。それから児玉源太郎《こだまげんたろう》の児玉神社がありますよ、山口県周南市と江ノ島に。

宮脇　後藤新平は？

宮崎　後藤新平はない。それでね、大正以後、英雄像がないんですよ、英雄を祀った神社は。その前にね、湊川《みなとがわ》で死んだ楠正成は六百年後に名誉回復されて、湊川神社はありますよね。和気清麻呂は千年以上たって名誉回復があってね。

岡山県と鹿児島県の、霧島の奥に和気神社がありますよ。そうやって英雄はみんな神社で祀られるんだけど、戦後まったく英雄を教えないもんだから、こうした神社に、誰を祀る神社かもわからずに合格祈願に行く。菅原道真公を祀っているはずなのに、みんな「菅《かん》公《こう》」って誰のことか知らないで合格祈願に行くでしょう。なんて言うのか、英雄が捻《ね》じ曲げられたというか、希釈化されてしまって本当に味気ないものにしているんですけれども、歴史というのは英雄がつくるんです。庶民がつくるものでは決してない。

余談だけど先月、大宰府《だざいふ》政庁跡を見学した。近くの天満宮は菅原道真を祀っています。ところが参道を歩く九割が中国人の爆買いツアー客だった。遣唐使を廃止させたのが菅原道真なのに、こんなアイロニー（皮肉）はないでしょう。

宮脇　戦後は日教組が英雄を全否定して、事件史を重んじないアナール学派もそうだけど、普通の人の歴史ばかり教えた。要するに特定の人間を尊敬しちゃいけないという、偉人を尊敬しないっていう教育でしたよね。

宮崎　「生命は大事だし、みんな平等である」と。「だから英雄もそのへんのバカも平等だ」。悪しき平等です。みんな確かに平等なんだけど、能力が違うんだから。能力差による教育というのは必要だろうと思います。それもいけないってことで、学校区を廃止した。

宮脇　エリート教育がいけないって。

宮崎　そうそう。それでは日本の若者はまともに育たないですよ。最初から敗北主義と自虐史観で歴史教育がなされている。

宮脇　それはやっぱりマルクス主義だったんでしょうね。

宮崎　そうでしょうね。

宮脇　だからモンゴルも、ソ連時代はチンギス・ハーンを禁止された。ウイグルの人たちが英雄がいないと嘆いていた意味が、いまの日本人によくわからないのもそのためですね。

宮崎　結局、歴史の大切さ、尊さを戦後の日本人が十全にわかっていないのが問題なのです。だから中国の本質もわからない。じっさいに歴史教育の是正がない限り、日本人が正気に戻ることはないのではないかと思います。

第二章　漢字支配と歴史捏造の実態

漢字に抵抗していた満洲人

宮崎　中国の本質というテーマに移ります。前章のおさらいをすると、チンギス・ハーンも中華民族になっちゃった。隋《ずい》の煬帝《ようだい》も鮮卑《せんぴ》系なのに中国人になっちゃった。するとヌルハチも、ホンタイジもみんな中国人になっちゃう？

宮脇　はい。ただ、日本にはカタカナがあるから「ヌルハチ」と書くので、外国人名だということがすぐわかりますが、中国では「努爾哈赤」です。ましてや「清《しん》の太祖《たいそ》」と書けば漢人《かんじん》にしか見えないし、清朝の三代目からは漢字の名前だけしかない。漢字は読むものではなく見るものなんです。

宮崎　そう、チンギス・ハーンを漢字であてはめると「成吉思汗」でしょう。オルドスの御陵は「成陵《チェンリャン》」というから、あのへんの中国人にとって、チンギス・ハーンは中国人だ。ところで清も文化的に漢化してしまったのですか？

宮脇　それは、日本の東洋史学者の言いすぎで、中華民国の宣伝を日本人が真に受けているだけです。岡田英弘も私もそうではないという事実を一所懸命強調しております。確かに、漢字は便利だし、使う人数が圧倒的に多い。万里《ばんり》の長城の東端にある山海関《さんかいかん》という関所を越えて南のシナ本土に入ることを「入関」と書きますが、入関というのは一六四四年に明《みん》が滅びて満洲《まんしゅう》族が入ってくることをいいます。そうすると支配する人間の数が少なくて支配されている漢族、つまり漢字を使うほうのパーセントが圧倒的に多いから、満洲人もみんな漢字ができるようになってしまった。

一方の漢族は満洲語を勉強しない。アンバランスなため、一見漢化されたように見える。しかし、北京の中国第一歴史檔案館《とうあんかん》という、清朝時代の歴史資料が所蔵されているところでは、漢字と満洲語両方の言葉で書き残した文献がほぼ半々あります。中国人は、満洲語を無視しているというか、読めないものはないのと同じで、つまり、ないことにしただけで、清朝の政権は、実際には満洲らしさを残す努力はしているのです。

清がシナ文明に与えたもの

宮崎　中華文化のなかで清がもたらしたものは、辮髪《べんぱつ》と旗袍《チーパオ》。
宮脇　満漢全席《まんかんぜんせき》ですね、中華料理。それから領土を拡げた。
宮崎　そう、清のときが最大の版図《はんと》だからね。
宮脇　じつは、京劇などの歌舞音曲もそうです。芝居や歌は、そもそも遊牧民の時代に流行るんです。だから北から入って来た金《きん》とか元《げん》とかのときに、有名な元曲などが生まれました。歌とか踊りはだいたい北方の人間のほうが得意です。

ユン・チアンの『西太后《せいたいこう》』（二〇一五年、講談社）にも書いてあったように、劇やドラマが大好きなのも、じつは清朝の満洲人だけじゃなくそれ以前からそうだった。北や中央アジアから入って来た人たちが文化を豊かにしているんであって、モンゴル時代にも歌や劇が盛んで、清朝はそれも引き継いでいるんですよ。だから清朝だけじゃないと言われたら、それはそのとおりだと思うけれど。もう一つは、オープンマインド、わりと寛容なので、ヨーロッパのものも取り入れたりもした。
宮崎　円明園《えんめいえん》のこと？　円明園なんてまったくヨーロッパ文明だもの。円明園はイギリスとフランスによって破壊されましたよね。見学しましたが、コンクリートの残がいをむき出したまま、意図的に残している。

宮脇　円明園もそうですが、キリスト教の宣教師たちを、キリスト教の布教は許しませんでしたが、清朝皇帝たちが雇って、天文学や地図などヨーロッパ文明もかれらから取り入れました。

すぐれていた清朝の統治がヒント

宮脇　これは私が書いてきたことですが、もともと清朝の統治は優れておりました。満洲人は漢人《かんじん》と違い、皇帝は勤勉で、八旗《はっき》に所属する人たちは、まず満洲人なのでアイデンティティがはっきりしている。国から給料をもらい、伝統的に一族という概念がはっきりしていて、上下関係もあるわけです。八旗というのは色で旗を分けてありますけれども、皇帝一族の何代からつながっている誰かの子孫だとか、所属が非常にはっきりしている。だから漢人みたいに裏切ったりしなかった。これは大きな違いです。江戸時代の幕藩体制とけっこう似ていて、その人たちが各地で見張っているので、暴動がなく治安が大変良かったわけです。八旗はいったん急があれば兵になるということで、旗人《きじん》全員が給料を保障されている。つまり、全員が官僚予備軍であり、また兵隊予備軍として訓練を受けている人たちなんですよ。

会話は満洲語で話し、漢字も学び、自分たちが特権階級であることを自覚してはいても、漢人のように堕落せず、満洲人は非常に倫理観念がきちんとしていた。満洲人は商売をしてはいけない、給料で生きていけと決められてあった。だから本当に日本の旗本とよく似ていて貧乏になるんですけれども「武士は食わねど高楊枝」。またシステム化され、北京にいても満洲に自分たちの荘園をもらっていて、土地の経営をすることは許されていた。経営は満洲人が自分で行くこともあるし、執事を送り、上がりを北京に送ってきてもらうこともある。

宮崎　そう、二〇一五年の九月三日に北京で行われた北京の軍事パレードの陸軍の行進でも八旗がそろっていました。

宮脇　日本が満洲国に出ていたときもまだ、満洲の大部分の土地が、八旗に所属する満洲人の土地だったと思うのですけど、ただそれが辛亥《しんがい》革命のときに、どんなふうになったか。じつはいま辛亥革命時の満洲人がどんな運命をたどったかがわかる史料がありません。もう本当に歴史から抹殺された。ずいぶん虐殺されたと思うんですけどね。辛亥革命のあと生き残るために、漢人のふりをして満洲人であることを隠してしまったんです。だから北京の旧城内だった胡同《フートン》の地主は満洲人のはずなんです、毛沢東が取り上げるまでは。いまでも北京っ子の半分ぐらいは満洲人の血をひいていると私はみています。繰り返しますが、清朝は満洲人が統治したためにまれにみる平和な時代が来たんです。その証拠に人口が増えた。清朝の統治が始まった明末から清初には六千万人の人口が、康熙帝《こうきてい》の時代十七世紀末に一億を超します。乾隆帝《けんりゅうてい》のころに二億を超して、アヘン戦争のころの人口は四億人なんです。人口が五倍になると食べていく場所がなくなる。それで入植をどんどんして、四《し》川《せん》と雲南《うんなん》が版図に入ってくる。

明末に一度、四川省が確か干ばつや何かいろんなことで人口が激減しているんです。だから、いまの四川人はたぶん清朝になってから入植した人たちで、だいぶ入れ替わっている。

宮崎　それで急に人口が増えたのですね。

宮脇　もともといい土地ですし。

宮崎　六千万人くらいいた……もとは四川省に属していた重慶《じゅうけい》が三千万人くらい。

宮脇　清朝時代に他の地方の増えた人口がどんどん山のなかへ入っていきます。とくに雲南は、もともと少数民族がのんびりとばらばらに暮らしていた場所で、いまの四川省の西半分ももとはチベットで、人口が少なかったところですから。

宮崎　四川省の半分は、本来チベット人の居住区じゃないですか。チベット自治区になっていてもいいはずなのに。パンダは中国のものじゃなくて、チベットの宝ですよ。

宮脇　だから四川地震が起こったところ、あそこは本来チベットの土地です。そもそも漢人の土地だとしたらパンダのような動物が絶対生きていけません。あんなぼやっとした生き物、食べられちゃっておしまいだと思うんですけど（笑）。

宮崎　中国人はすぐ食っちゃうから、なんでも。

宮脇　だからあそこは漢人がいなくて、清末までチベットで、チベット人しかいないところにいた動物なんですね。

満洲語と漢語の二重体制で漢人を封じた

宮脇　清朝時代の統治で特筆すべき点は、「本籍回避《ほんせきかいひ》」といって、科挙《かきょ》官僚を自分の生まれたところには絶対に赴任できないようにしたことです。つまり一族との結託を防いだ。したがって、地元と違う省の役人にしかなれなかった。日本語の感覚しか知らない日本人からすると大したことはないように思えるかもしれませんが、省が違うということは、話し言葉がまったく違うということを意味します。これを二百六十年間、清朝末期までやっていたわけです。

満洲人は漢人のことを知りつくしていて、信用していないので、巡撫《じゅんぶ》と総督という二役にそれぞれ統治させました。もともといまの「省」という行政区域は元朝時代の「中書省《ちゅうしょしょう》」の出先機関という意味の「行省《こうしょう》」がもとになっています。それまでは「省」ではなく

元朝の行政地図（第2代テムル・ハーン時代を標準とする）

「県城《けんじょう》」と呼ばれるように、城壁に囲まれた町という小さな単位が地方政治の中心でした。モンゴル人は、代官を置いて、税金を集めて一族に配るために「県知事がいた町なんか単位が小さすぎて嫌だ」というので、「行省」を各地につくったのがいまの省になったわけです。

明もそれを引き継いで、清朝も引き継いだのですが、一つの省に一人の巡撫、二～三省に一人の総督を置きます。南方総督が南洋大臣、北洋大臣が北の総督で、つまり一人の人間の地位もダブっているし、仕事もダブらせている。巡撫は一省を管轄して調査などいろんなことをして皇帝に報告するんですけれども、総督は巡撫がやっている仕事を二～三省分やる。要するに一人だと信用できないので、安全弁として必ず二人から同じことを報告させる、というのが政治の基礎なんですね。それは清朝の雍正帝《ようせいてい》がすごい上手だった。いま習近平が雍正帝になりたいと言っている所以です。

宮崎　いまとまったく同じじゃない。

宮脇　だから中国共産党指導部は、清朝を勉強しているんですよ。

宮崎　中国のシステムはあらゆる党機関があって国家機関とダブってる。必ず政治委員がいて、誰が実力を持っているかといったら、どの市でも市長じゃない。みんな書記の顔をみるでしょう。その書記がお目付け役の政治委員の顔を見る。国有企業も、その構造はまったく同じ。社長より、その企業の党書記のほうが偉いんですから。

宮脇　雍正帝が偉いというより、雍正帝くらいからきちんと組織化されるんです。私は康《こう》熙《き》帝時代の、モンゴル系の最後の遊牧帝国・ジューンガルを専門に研究していますが、康熙時代はモンゴル、チベットとの関係が強く、ロシア対策が主だった。中央アジアとロシア方面は対策もわりあい単純なんです。でも、南の支那の統治はそうじゃないためものすごい工夫が始まる。それで、満洲時代から持っている包衣《ボーイ》——満洲人は家奴《かど》と言いますが、奴隷とは違い地位も低くないので、私は執事と言ったほうがいいと思います——を利用することにした。

満洲人は狩猟民で交易民であり、遠隔地貿易をするため家にいないことが多い。それで一家の主人が貂《てん》の皮を採ってくるとか、淡水産真珠やきくらげなどを採っている間、家は女子供と包衣が守り、土地を耕し農作物をつくり、朝鮮人を小作人として使っていた。だから完全に階層社会なんです。自分がいない間に信頼できる部下がいないといけないので、すべての満洲人の豪族は、日本の武家もそうですが、信頼できる代々の家来、執事の家来を持っているわけです。それをそのまま北京に持って来た。包衣たちが面白いのは、公《おおやけ》の組織の肩書きがない。この人たちを直接自分の手足のように、KGBあるいは特務にけっこう近いかもしれないけれど、地方に派遣して、直接皇帝とか、貴族だったら自分の家だけに通信を届けさせる仕組みで全土に赴任させたんです。

『紅楼夢《こうろうむ》』を書いた曹雪芹《そうせつきん》のお爺さんというのも、皇帝の直属の家来で、南京の織物の工場を経営してものすごい大金持ちで、康熙帝が南に巡幸するときは、皇帝が必ずその家に泊まっているんです。それくらい立派な屋敷を持ってる人で、漢人出身だけれども、満洲人の直属の家来だったんですね、『紅楼夢』の作者の一族というのは。

清代にはこのようにシステムとしては明代までとは別の、満洲人だけの人間関係で動いているところがあって、雍正帝時代からそれがはっきりわかる。しかも満洲人が満洲語で知らせるから漢人には読めなかった。絶対に漢字で書かない。

『満洲実録』巻一

『満洲実録』は絵入りの清朝皇室の公式伝記で、本文は上段からマンジュ（満洲）文・漢文・モンゴル文、行は左から右に進む。図は巻頭の始祖説話で、三人の天女がブルフリ湖に下って水浴びをし（左）、鵲（カササギ）が置いた紅い実を食べたために身籠った末娘が地上に残される（右）。こうして生まれた男子がアイシン=ギョロの祖になったという。

宮崎　暗号通信みたいですね。

宮脇　私設秘書室として軍《ぐん》機処《きしょ》という機関をおきました。要するに漢人を通さない方法を持っていた。つまり、漢人の統治に二重制を使ったってことですよね。清朝末期まで、満・漢・蒙のトリリンガル（三重言語使用）で、モンゴル人相手にはモンゴル語と満洲語の文書《もんじょ》が行き来しているんですよ。漢字は入ってないんです。同じようにチベットもウイグルも漢字抜きのやりとりをしている。

チベットに行くときはチベット語は大変難しいので、チベットに赴任させた大臣は蒙古八旗――つまり、満洲人の直属の家来になったモンゴル人――でした。八旗には満洲人やモンゴル人だけでなく、漢人もロシア人も朝鮮人もいるんですけど、モンゴル人はだいたいチベット仏教徒でチベット語が読めるし話せる。そういう八旗に所属するモンゴル人がチベット大臣になって赴任している。ウランバートルに赴任しているのはもちろんモンゴル系八旗人です。満洲大臣なんだけど、もともとモンゴル人だからモンゴル人とモンゴル語で話ができる。「藩部《はんぶ》」（現在の内モンゴル、チベット、ウイグル）の行政にはまったく漢人は関与していなかった。

シナ内地も二重行政で、ただし漢人の科挙官僚のトップ三番目くらいまでの人たちは、満洲語を勉強する権利があるんです。それで満洲大臣の弟子になる。満洲大臣から直接満洲語を勉強したら、皇室の特別な文書館に出入りして、紅庫《こうこ》資料を見ることができる。そこには満洲語でやりとりをして皇帝が裁可した文章などが収められていて、満洲文字が読めないとアクセスできない。

宮崎　ということは漢人でも満洲語を勉強すれば上にいけるということですね。

宮脇　そうです。私が論文に書いた人ですが、「蒙古回部王公表伝《もうこかいぶおうこうひょうでん》」をつくった祁韻士《きいんし》と

清朝の最大版図と藩部

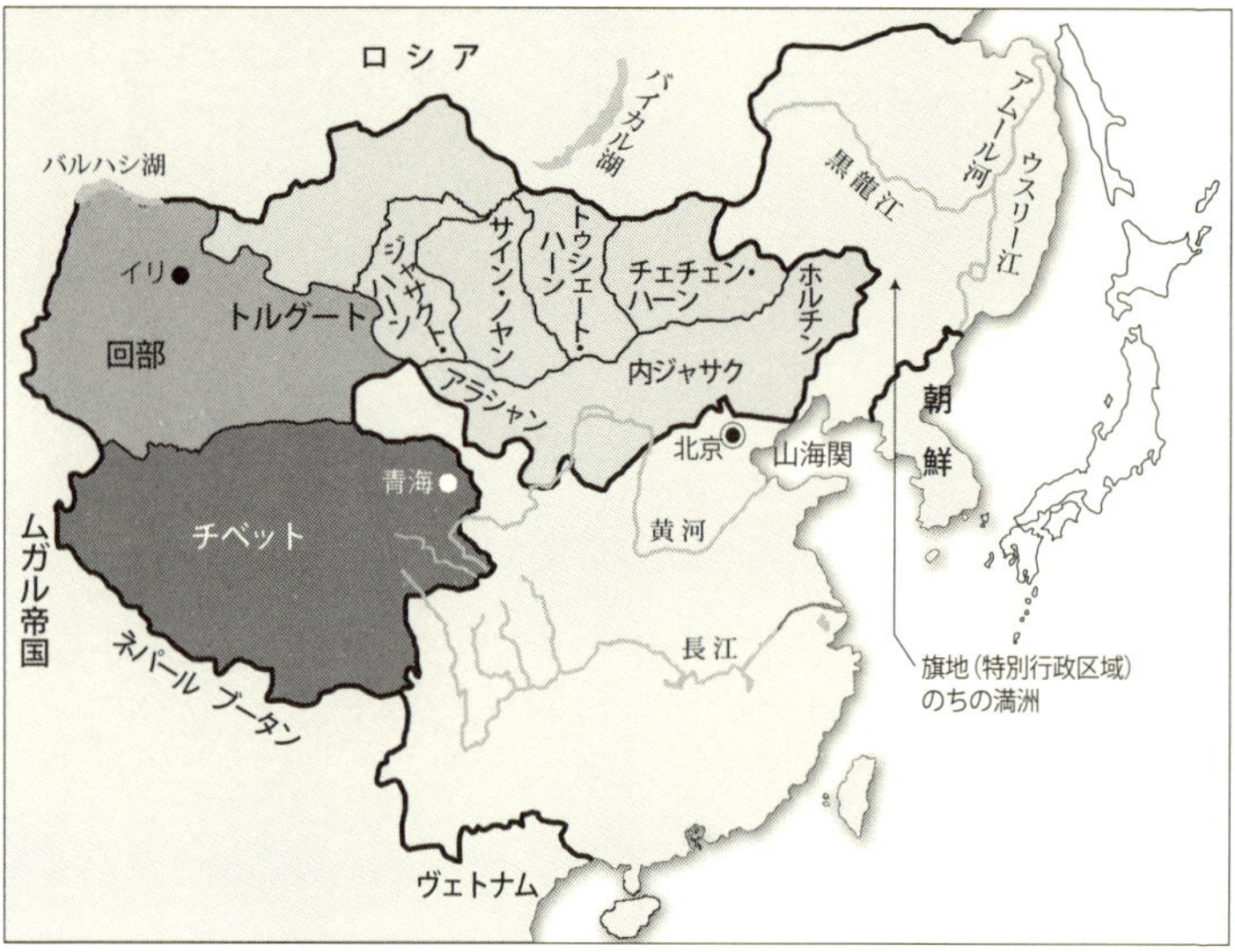

いう、とっても有名な学者であり官僚が自叙伝を書いています。彼は科挙の試験に順番に受かって、最後に国史館の官僚になって、翰林院《かんりんいん》で史料編纂《へんさん》をするんですが、その前に満洲大臣のアグイに弟子入りして満洲語を習う。その祁韻士が満漢両語で大変重要な歴史文献を書いたんです。すごい偉い人で何十年もかかって清朝時代のモンゴル史を書いた。それがモンゴル語訳されています。三カ国語が清の公用語なので、満漢でまずできて、それからモンゴル語は満洲語と文字が同じなのでわりと翻訳しやすいということで、別の人がモンゴル語訳したんです。現代のモンゴル人の学者は、その翻訳があまりにもよくできているので、「まず

モンゴル語で書いた」と言い張っているくらいですが、私が満洲語がオリジナルであることを発見しました（「祁韻士纂修『欽定外藩蒙古回部王公表傳』考」『東方學』81、一九九一年一月）。これによって、科挙官僚のトップクラスが満洲語を学んだということがわかり、いかに清が中華帝国ではなく五族の同君連合だったかということを証明したのです。

基本的に清朝皇帝は満洲語と漢語の二カ国語ができるわけですよ。康熙帝はモンゴル語も上手で三カ国語ができた。清朝は最後まで満洲語とモンゴル語と漢語の三つが公用語だったのです。

孔子を祀る「読書人」と庶民文化の乖離

宮崎　ここでさらに古い話になりますが、お聞きしたいのは孔子《こうし》についてです。一般の中国人は孔子の学問なんてのはぜんぜん信用もしてないし、信仰もしてないくせに、なんて言ったって孔子が偉いと、孔子様を立ててくる。学者はともかくとして、英雄伝説のなかでも関羽《かんう》なんてのはいちばん古いほうでしょう、「三国志」だから。ところがいま関羽は金儲けの神様になっている。なんであの暴れん坊が金儲けの神様になったんですかね。

宮脇　私もわかりません。なぜか関羽だけはものすごく広い地域で祀られてますでしょう。モンゴルにもありますから、ウランバートルの関羽廟。

宮崎　台湾だってそうだ。大きな関帝廟《かんていびょう》があります。

宮脇　基本的に中国の神様はもともと人間なので、誕生日もあって地方性が豊かです。前述のように中国は地方ごとに話し言葉も違うし民族も違うので、当然神様も違う。だから道教の媽祖《まそ》は台湾と福建に多いけれども、関羽のようにポピュラーではありません。

宮崎　媽祖は沿岸部だけですよ。とくに福建省がそうです。

宮脇　海の神様だから。

宮崎　あれは航海の安全を祈るためだから。そのかわりアジアの華僑の廟へ行くと、ご本尊はだいたい媽祖ですよね。

宮脇　で、ペーロンのボート競走するんですよ。ベトナム、マレーシア、インドネシアのチャイナタウンへ行くと共通しています。

宮崎　学問の神様は孔子様なんだけれど、やっぱり全国に孔子廟がありますね。ところが誰もお参りに来ない。でね、受験生なんだかが困ったときの神頼みで、中国でも合格祈願をしに来るのはだいたい孔子廟なんです。

宮脇　岡田英弘によると、それは科挙の試験問題が、全部「四書五経《ししょごきょう》」から出たからなんです。科挙を受けるために「四書五経」を読む人だけが「読書人《どくしょじん》」で、彼らは孔子に弟子入りすることになるわけです。それで、科挙受験者が孔子を祀った。孔子廟に行くのは、読書人のエクスクルーシブ・クラヴ（排他的特権集団）の人たちです。だから科挙がなくなったので、孔子廟が廃れた。

宮崎　ああ、なるほど。儒教の精神に学ばなくなったのではなくて。北京の孔子廟も、高い入場料をとるようになったら外国人観光客しか来なくなった。

儒教華やかなりしときだって、庶民の行儀の悪さはいまとぜんぜん変わらないんだから、やっぱり知識人だけだったんでしょうね。「論語《ろんご》」をまともに読んでいたのは。

宮脇　そうなんです。だから「四書五経」を読めないと儒教徒じゃないわけです。そうじゃない人は道教だったり仏教だったりで、儒教とは無関係だった。中央の役人になりたい人、その予備軍や地方の小役人、科挙試験の途中までしか受かってないような郷試《きょうし》合格者が孔子廟に行き孔子様を祀っているという、それだけの話なんです。

そもそも中国人の九割が漢字を読めない

宮崎　「三国志」の英雄も、諸葛孔明《しょかつこうめい》が中心人物となって劉備玄徳《りゅうびげんとく》が脇役になり、価値観が転倒しているのも同じ理由？　諸葛孔明は軍師にすぎず、劉備玄徳が皇帝でしょう。それなのに成都《せいと》にある劉備のお墓に行くと、諸葛孔明のお墓のほうが目立って、劉備陵はすごく小さい（笑）。そもそも「三国志」の勝利者は曹操《そうそう》なのに、「三国志演義」では悪役になっちゃっている。

宮脇　つまり史実としての「三国志」よりも芝居の「三国志演義」のほうが人口に膾炙《かいしゃ》して、一般庶民は諸葛孔明のほうが好きだからです。これらはずいぶん違っていて、明代にできた芝居のほうの「三国志演義」を日本では「三国志」と呼んで小説にしているけれど、もとの「三国志」はものすごくつまらない正史で、当然曹操がいちばん偉い。

宮崎　曹操も記念に残るようなもの、見事に何もない、いまの中国では。

宮脇　中国は恋愛ものもないし、文学的なものも少ない。そもそも漢字を全員が読めません。要するに漢字を読める人が一割以下の読書人階級で、その他大勢の地方の人たちは、お芝居を見るしかなかった。文化程度のギャップがものすごく大きいから、小説は流行らなかった。

日本人はルビがあるおかげで誰でも漢字が読めるから、大陸からいろんなものを輸入したけど、本家のシナでは「四書五経」を読むような読書人でさえも、恋愛相手の女とは歌も交わせないし詩も交わせない。なぜなら、だいたいにおいて女に学がないから字が読めない。だから恋愛が成り立たないのです。成り立つのは幽霊との間の交流だけ。だから幽霊話がものすごく面白い。

話し言葉と書き文字が別言語

宮崎　中国政府は中国国民の識字率が六割とかいっているけど、あれも絶対嘘ですね。

宮脇　自分の名前を漢字で書けたらOKなんですって。どこが識字率よ。

宮崎　地方へ行くと新聞なんてまったく普及してない。都会だけですよ、新聞スタンドがあるのは。地方都市にいったら新聞スタンドも書店もない。地方都市には国営「新華書店」がありますが、並んでいる書籍は共産党の文書と、学習参考書ぐらいです。

宮脇　中国の新聞は圧倒的に部数が少ない。日本の人口比で言ったら十分の一とかそれ以下でしょう。

宮崎　テレビもね、北京語が中心なんだけど、地方へ行くと地方の言葉の番組もあるし、もう一つは必ず字幕が出る。何語でやっても下に必ず字幕が出る。

宮脇　いまでもですか？

宮崎　いまでもですよ。だから、字幕の漢字を見てこういうこと言ってるのだなというのがわかるんですよね。

宮脇　台湾も英語と漢字が絶対に出る。

宮崎　それに華北・華中・華南で新聞が違うし、いまだに北京語、福建語《ふっけんご》、上海語《シャンハイ》、広東語《カントン》、この四大言語のテレビ、ラジオがありますからね。広東というか香港がそうだけれども、香港の新聞は、北京語ではないから読めませんよ。

宮脇 違う漢字でしょ？

宮崎 漢字が違うし、意味もかなり違う。

宮脇 そもそも福建語と広東語というのは、しゃべるとおりに書けない。要するに言葉がぜんぜん違っていて、新聞というのは半分以上は標準の普通話《プートンホワ》のものを、やや地方式にしているだけで、本当の地方の言葉は北京語と広東語以外は語彙《ごい》にできないと聴いています。つまり、しゃべっている言葉と書いてあるのとが別の言語なんですよね。

宮崎 福建省や広東省あたりで使われている閩《ビン》語はこれまた南北で異なります。要するに黄河と長江との間に閩江が流れています。この閩の北と南で閩北語と閩南語というのがあって、おそらく文字は借りものなんです。

宮脇 もともと書かれたものは「四書五経」しかなかったのだから、語彙としてはそれに影響を受けているけれど、しゃべっている言葉はぜんぜん違う言語ですよね。

宮崎 そして、閩南語が海を渡って台湾に定着したのが、つまり福建語の変形、閩南語が台湾でさらに変形しちゃって、これはホーロー語、つまり台湾語なんだ。ところがテキストがない。それでいまなんとかつくっている学者がいますが。

宮脇 台湾言語学者・王育徳《おういくとく》さんの娘さんの明理さんとか。

宮崎　台湾語の教科書みたいなのがありますけども、ただ台湾だって学校で習っているのは完全に北京語。台北にいる本省人の若い世代は台湾語がうまくしゃべれませんよ。台中から南に行かないと。

宮脇　確かに台北の人は話せませんね。その北京語にしても、国語《グオユイ》とは言うけれど、もともと、北京音の発音ができない人たちが、北京の普通話を取り入れたので、数字の四と十が同じ発音にしか聞こえない。私も京大東洋史に入ったとき最初に中国語を教えてくれた家庭教師が台湾人だったんで、台湾風の発音しかできない。北京音の巻き舌の強い発音がすごく下手なんです。主人はすごい上手なの、きれいに発音するんで、外国人にもすぐわかるんですけど。だから、一二三四五六七八九十《イーアルサンスウーリウチーパージウシー》（巻き舌の）の四と十は台湾人はぜんぜん区別がつかないんで、話しながら指で示す。だって数字間違うとえらい大事になるから。

宮崎　それは北京以外の中国、全部そう。

宮脇　まあ、そういうことですよね。

宮崎　「四《スー》」か「十《シー》」かって言いながら指を四つたてたり、両手で「十」の字をつくる。それでわかるんですから。

宮脇　でも閩南語（台湾語）だと、一二三四五六七八九十《チツジイサムシイゴオラクチツポエカウチャプ》だから、四と十はぜんぜん違う。中国でも南方では、いまでも日本のことをニッポン、ジッポンと言う人もいるわけですよ、昔の日本と同じような発音でね。北京語だと巻き舌の「リーベン」ですけど。地方によってぜんぜん違う。だから北京放送がわかるから一応普通話が全国に拡まったと言っているけど、地方の人たちがそのとおり話せるかというと、ものすごくなまっています。毛沢東《もうたくとう》だって蔣介石《しょうかいせき》だって、あまりにもひどい発音なんで、演説の録音を残さなかった。

宮崎　蔣介石の有名な話は、上海から南京に移動するまでに、常州《じょうしゅう》、蘇州《そしゅう》、鎮江《ちんこう》、揚州《ようしゅう》、南京《ナンキン》とみんな言葉か違うから、五人の通訳を従えて、「行くぞ!」と言ったら順番に部隊ごとに通訳して、初めて軍隊が動くというようなものなんですよね。毛沢東に至っては、湖南省のしかもいちばん山奥。ぜんぜんわからない。

宮脇　だから天安門に立って紅衛兵《こうえいへい》相手にいったいどうやって通じたんだろうと思うけど。

宮崎　それには標準語の通訳がいて、それで通じたんでしょう?

宮脇　でも本人の肉声にみんな感動したわけでしょう?　「万歳!」って言ったわけですよね、たぶん。

宮崎　毛沢東は学生時代北京に留学していて、かなり日本語もできたっていう形跡もある。少なくとも日本語を学んでたって。

宮脇　日本の軍歌を歌って聴かせたって、エドガー・スノウが『中国の赤い星』に書いています。日清戦争を題材にした「黄海の海戦」が愛唱歌だった。

宮崎　そんなこと言ったら江沢民《こうたくみん》は日本語ペラペラでね。「炭坑節」歌うっていうんだから。そもそも彼の父親の江世俊《こうせいしゅん》は日本特務機関のエージェントでした。それがばれるのが怖いので、父親の弟の戸籍に入って親日分子の風貌《ふうぼう》を全部消した。南京の中央大学では日本語を学んでたんです。それが戦後学制改革で変更されて、上海交通大学になって、江沢民は交通大学出身ってことになった。日本とのかかわりをすべて消してね。でも上海に建てた豪邸は、家具調度品はほぼ日本から買い付けている。それは代理人が日本に来て買い付けて、持って帰ってるんですけどもね。そんなこと中国の庶民は誰も知らないんです。江沢民は日本が悪いっていう言いだしっぺだから。

宮脇　だから余計に反日を言わなければいけなかったわけですよ。アリバイをつくるために。

宮崎　そのためそれを暴いた中国人ジャーナリスト呂加平《ろかへい》は、刑務所に入れられた。「国家機密をばらした」って。やっと刑務所から出てきましたよ。つい数カ月前に。でもいっさい発言しない。要するに死にかけってわかったから、出されたんですよ。

漢字ができる異民族が中国を豊かにしてきた

宮崎　サルが空を飛んだり、妖怪《ようかい》が夥《おびただ》しく出てくる「西遊記《さいゆうき》」はいつごろできたんですか？

宮脇　十六世紀ごろの明代《みん》です。モンゴルが元朝を建てた後ですよ。モンゴル時代に世界中からいろんな人たちが来て世界各地の物語もシナに入った。

宮崎　それで「神話」というか、歴史の正統性をでっちあげる材料が豊富に集まったので、あんなふうに仕上げたわけだ。

宮脇　明の時代あたりに文学が盛んになるのは、もともとモンゴル人が物語、劇が好きだったところに、イスラム文化が流入し、ヨーロッパ人もけっこう来ていたからです。モンゴル時代の東西交流はすごいんですよ。それでイソップも日本に入っている。

宮崎　イソップは漢語の翻訳で日本に入って来て、吉田松陰も読んだ形跡があります。

宮脇　そうです。だから、中国人つまり漢人が優秀だったというとおかしいのであって、漢字ができるようになった異民族がシナ文明を豊かにしてきたんですよ。

宮崎　二重丸で強調したい点がそこじゃないの。

宮脇　そうなんです。漢字を勉強するということは、われわれが英語を勉強するのとじつは同じようなもので、まわりの異民族にとって漢字はわりあい習得しやすいんです。それが共通語のリンガフランカになるだけの話で、になった人たちは出自がいろいろだから、いかにもシナ文明がいきなり発展したり、あるいは分裂したり統一したり、同じ人たちが分かれたり一つになったりしたみたいに見えるけど、全部違う民族だということを強く言わなきゃいけない。シナでは歴史のなかで違う民族が入って来て新しいものをつくるんです。

宮崎　そして、他の物をぶっ壊していくでしょ。

宮脇　仕方がないです、前のものを壊さないと次のことが始まらないから。

宮崎　西夏《せいか》文字なんか全部なくなっちゃったし。

宮脇　はい、そうです。

宮崎　いま、拓本でしか西夏文字はないよ、トンパ文字にいたっては解析できるのは大英博物館の職員と日本のトンパ文字学者しかいないんですよ、世界中に。

宮脇　現地じゃだめなんですか。

宮崎　現地人は読めないんだから。あのトンパ文字は、日本の若者がケイタイ文学なんかで好む絵文字の原型かと思います。

宮脇　西夏文字は画数多くて、どうやって学んで使ったのかと思うけど、西夏でも二百何十年も続いたんですよね。

宮崎　そうですよね、西夏って王国があった。

宮脇　共産党の歴史よりはるかに長い。

宮崎　だからね、甘粛《かんしゅく》の隣の寧夏回族《ねいかかいぞく》自治区の銀川《ぎんせん》ね。あそこに博物館がありますよ。

宮脇　西夏語を解読したという京大名誉教授の西田龍雄先生は、西夏語はチベット系だと言うんですけど、外国人の学者でモンゴル語に近いアルタイ系だと言う人もいます。

宮崎　そうそう。井上靖《やすし》原作の『敦煌《とんこう》』（一九八八年）という映画にも西夏文字が出てきます。

シナ文明の源流は長江

宮崎　シナ文明っていうのは、いったい何だと。源流をたどれば、要するに黄河の中原《ちゅうげん》にあった、秦《しん》の始皇帝《しこうてい》が始めた文明ということになっているけれど、いま、戦後日本の世界史は、西洋中心になっているでしょ。たとえばビクトリアの滝を発見したイギリス人の冒険家が名前を留めているけれど、その前から住んでる人はじゃあどうなるんだ、と。

宮脇　本当にそうですよ。コロンブスのアメリカ大陸発見って何よと思います。

宮崎　敦煌だって二百何十年も砂に埋もれたものを発見したのは外国人だった。それで、中国史もまったく塗り替えなければいけないわけですよ。要するに黄河の中原に育った秦の始皇帝の時代に、西方にも山のように文明があったけれども、これみんな現代の中国歴史のなかでは消されている。黄河の十七倍以上の水量のある長江にはもっと長い深い歴史があるに違いない。それなのに重要視されてないでしょ。日本の考古学者も行って、河姆《かぼ》渡《と》遺跡とか三星堆《さんせいたい》遺跡とかボンボン発見しちゃって、それでいま中国の考古学がなんとか追いつこうとしているんだけど、共産党の歴史解釈からすると、これはあんまりまともに研究するなということになっている。

宮脇　司馬遷《しばせん》著「史記《しき》」に書いていないから正統じゃない、ということです。「史記」の枠組みをはみ出たことは歴史ではないのですね。

漢字の発明も長江だった

宮脇　ともかく、中国という名前から見直そうとわれわれはいま一所懸命運動しているんです。二十世紀まで「中国」という国はないんだから、「支那」に戻そう。「支那」の漢字が嫌いというならカタカナの「シナ」でいいよ。チャイナ＝シナです。「古代中国」なんていうから、いかにも古い時代から中国があったみたいに思っちゃうけど、そりゃあ紀元前三世紀に秦はありましたよ、それがシナの始まりで、それがチャイナになった。ところで、いまの三星堆で面白いことを読んだことがあります。三星堆からものすごい立派な青銅器が出た。これはつまりそれまでの中国の歴史学を冒瀆《ぼうとく》するような発見なんです。

宮崎　私も三星堆の博物館に行ったとき、買ってきましたよ。目玉の飛び出た人形など。

宮脇　私は日本に展示が来たときに見に行きましたけど、あれいまは青銅の錆《さ》びた色だけど、もとは金色だったわけでしょう。

宮崎　そう三星堆は稲作で太陽信仰、そして金の文明なんだよね。

宮脇　それでその青銅を解析した人がいて、そうしたら、司馬遷の「史記」が書かれたころに黄河中流で使っていたとされる青銅と材質も同じで、ほとんど同じ時期の同じものであることがいろんな調査からわかった。ならば、司馬遷が三星堆の文明を知らなかったとは言わせない。つまり、無視《ネグ》ったわけです。「史記」にはいっさい出てこない。

宮崎　司馬遷はだいぶネグってますね。漢にとって不都合な歴史は書いていない。

宮脇　その長江の大文明をいっさいないことにしている。自分たちの直系の洛陽《らくよう》盆地だけしか書いてない。漢字が発明されたのも、じつは洛陽盆地じゃなくて、長江の中流なんです。それを証明する漢字が書かれた土器が出てきちゃったんです。

宮崎　どこから出てきたの。

宮脇　『岡田英弘著作集4　シナ（チャイナ）とは何か』（二〇一四年、藤原書店、四一頁）にありますが、長江下流域の江西省樟樹市《こうせいしょうしょうじゅ》の呉城《ごじょう》から出土した陶器に、現在まで知られている最古の形をした文字がきざまれていたのです。河姆渡からまだ内陸に入っていくんですよ。

宮崎　河姆渡からさらに内陸のほうへですか？

宮脇　長江中流の洞庭湖《どうていこ》を過ぎて、武漢の少し下流の南方です。

宮崎　浙江省よりも上流ですね。

宮脇　漢字は東南方で発明されていたものの発展はしなかった。それを持った夏《か》の人が洛陽まで行って洛陽盆地で漢字文明が大いに発展した。なぜかというと、そこにいろんな人たちが来てコミュニケーションをとる必要ができて、それで言葉の違う人たちが共通の文字としてどんどん使うようになったのです。

宮崎　それで洛陽の紙価を高めたと。

宮脇　洛陽盆地だけに古くから文明があったことにして、残りをすべて闇《やみ》に葬った。

宮崎　宮脇さんの『世界史のなかの満洲帝国と日本』（二〇一〇年、ワック）によると、なぜあそこかってわかった。普通の文明は河のそばか海の近くに決まっている。ところがシナ文明だけなぜか内陸部なんです。秦の始皇帝の首都は洛陽盆地から少し西方の長安《ちょうあん》（西安）近くですが。そしたらこのあいだ宮脇さんの本を読んでいて、はたとわかった。黄河というのは暴れまくってきて、洛陽のあたりで静かな流れに変わる。

宮脇　二百キロだけですけど。

宮崎　そこで初めて河を渡れた。

宮脇　そう、交通の十字路だったから。

宮崎　殷の遺跡の出てきた河南省の鄭州《ていしゅう》と、洛陽、開封《かいほう》、この三つは大都市ですよ、首都がこの三つを行ったり来たり。
宮脇　長安（西安）は洛陽盆地からは西に行ったところで、シルクロードの玄関口ですが。
宮崎　開封だったら宋《そう》の首都でしょ。
宮脇　開封は煬帝《ようだい》が大運河をつくったので、一気に南のものが入ってくるようになった。大運河はシナの歴史において画期的なんです。洛陽盆地は古くから交通の十字路で、南からは河川伝いに小さな船を使い、北からは馬で来たので、古くはシナの交通を「南船北馬《なんせんほくば》」と言いました。でも洛陽盆地のある黄河流域は南の長江ほど豊かではありません。黄河はいまでは水にも不自由していますが、昔も米はとれず小麦しかできない。ところが、煬帝の大運河のおかげで、長江流域の農業生産物が大型の船で直接、大量に黄河流域に運ばれることになりました。シナの南北が一つになったのです。
宮崎　開封には御殿が残っています。ところで、劉少奇《りゅうしょうき》が死んだのは開封なんですよ。それはともかく、三星堆信仰は太陽信仰でね。非常に日本の農耕神と似ています。それで農業技術が相当発達している。
宮脇　四川省はむかしから豊かな土地なんですよね。シナ文明の中心だった黄河中流域とは別の文化圏だということがはっきりしています。
宮崎　それをいまの中国史は完全にネグレクトしちゃってるから、日本のほうがむしろ三星堆遺跡の研究なんて進んでるんじゃないかな。

宮脇　ところが、それからあとほとんど聞かないんですよね。私は三星堆遺跡が大好きで、日本で開かれた展覧会でグッズも買いましたけど、ずいぶん前になりますもんね。

司馬遷が歴史改竄の元凶

宮崎　河姆渡なんかもほんとに冷遇されて、三星堆はいまね、現地にものすごい大きい記念館できちゃったから中国人の観光客が行く。河姆渡なんかさびれたもんですよ。

宮脇　宮崎さんは現地に全部行ってらっしゃるからすごい。

宮崎　浙江省寧波から、タクシー雇って四十分ぐらい川っぺりをブッ飛ばすの。それで、着いたと思ったらそこは艀《はしけ》の渡り場で、タクシーでは乗れないから艀で渡った。中洲みたいなところに河姆渡遺跡がある。かなりおざなりな発掘現場というか、見学者も少ない。それでまた、艀に乗って帰ってきて、タクシー飛ばしてまた駅まで戻って結局一日かかった。

宮脇　さびれているのは結局、漢字が出てないからですよね。

宮崎　そうですよ。漢字が出てない。

宮脇　河姆渡も三星堆も、書いたものがないと歴史に組み込めないんです。固有名詞がないと。

中華と四夷地図

中華と四夷のエリアはこんなに狭かった（出典は岡田英弘『読む年表、中国の歴史』ワック）

宮崎　河姆渡だっておそらく当て字ですよ。ヘムドゥ（Hemūdu）の。おそらく、なにか違う文明があったんじゃないかなあ。

宮脇　だいたい、東夷《とうい》・西戎《せいじゅう》・南蛮《なんばん》・北狄《ほくてき》は、昔は洛陽盆地を取り巻く大陸の中央のことでしたからね。すごく小さな範囲に東夷・西戎・南蛮・北狄が住んでいたのが、そこを全部、秦の始皇帝が統一しちゃうと、東夷・西戎・南蛮・北狄が外に拡大していく。孔子の出た山東省も、始皇帝以前は東夷で、洛陽盆地とは違う異民族がいた。

宮崎　山東はおそらく黄河文明より先じゃないかと思います。たぶん、私の勘でね。なぜかといえば、兵馬《へいば》俑《よう》は秦の始皇帝の隣の西安から発見されましたけれども、あの時代より古い、本当の馬そのものを生き埋めにしたのがどんどん出てきたんだよね。孔子様の生まれた曲阜《きょくふ》――いまの山東省の済南《チーナン》から南へ行くと曲阜

――のあたりですが、宮城谷昌光《みやぎたにまさみつ》さんの小説の舞台はだいたいあそこでしょ。だから文献は多少あるでしょうねえ。

宮脇　諸葛孔明もあっちのほうの出身ですよね。

宮崎　ええ、そうですよ。山東人は軍人が多いのです。

宮脇　だから結局、司馬遷がすべてなんですよ。司馬遷の「史記」を読んで、その前にどういうことがあったのかということも、「史記」の記事から想像するしかなかった。だから司馬遷が書かなかったことはなかったことになったのです。

第三章　中国を動かす客家コネクション

孔子しかない中国の不安

宮崎　国が乱れると危機を克服するのに中国では孔子《こうし》が復活します。

宮脇　孔子は二十世紀になってからだけで三度生き返りました。中華民国ができたころ日本など外国との関係が強くて西洋かぶれだった孫文《そんぶん》に対抗した袁世凱《えんせいがい》、国共合作が破れた直後の蔣介石《しょうかいせき》、そしていまの習近平《しゅうきんぺい》です。

まず、清《しん》朝の大臣だった袁世凱ですが、一九一一年に辛亥《しんがい》革命が起こり、翌一二年に南方で中華民国ができて孫文が臨時大総統に選ばれました。孫文は大総統の地位を袁世凱に譲りますが、ふたたび第二革命を起こします。その際、袁世凱は孫文などの文化人――科挙官僚を目指した読書人《どくしょじん》ではなく外国の力を背景に近代化を目指す――グループに対抗するために、儒教と「四書五経《ししょごきょう》」を言い出すんです。つまり、日本など外国の干渉をはねのけるために孔子と儒教を持ち出した。

そのあと、孫文を継いだ蔣介石がふたたび儒教と「四書五経」と孔子を持ち出したのは、共産主義に対抗するためです。

宮崎　台北に孔子廟を持ってきて、孔子の七十六代目、つまり正統の孔子の末裔《まつえい》を台湾に運んだのは蔣介石でした。

宮脇　では三番目の習近平が何に対抗しているかというと、つまり中国は共産主義を捨てたからです。習近平が「中華の夢」とか、「チャイナの伝統」とか言うのを聞いても、過去で誇れるものといったら孔子しかいないからだと思います。北京オリンピックの開会式でも、漢字と羅針盤と鄭和《ていわ》の遠征を演出していて、毛沢東《もうたくとう》と共産主義はありませんでしたものね。

宮崎　あのクチパクと足跡の花火とガメガメだったテーマソングと。北京五輪の印象はそれくらいしか残っていません。直後から世界中に孔子学院を開校し、中華悠久の歴史を広報するとした。先月、ウラジヴォストークへ行っておどろいたのですが、日本文化センターの隣が孔子学院でした。

宮脇　それから、五十五の少数民族の子供たちが仲良く旗を掲げて行進という演出も、服を借りているだけで全員漢族の高級幹部の子供でした。オープニングに漢字をぱっと出したでしょう。シナの伝統といえば、よりどころがもう孔子様しかない。

宮崎　煎《せん》じ詰めて言えば、漢字にしても昔の繁体字に戻さなければいけないと思いますよ。いまの簡体字なんて、本字に縁もゆかりもない、ただの記号じゃないですか。速記と同じです。

宮脇　意味も何もない。

宮崎　ぜんぜん読めない字がある、だいたい想像できるのだけどね。たとえば横棒三本に縦棒一本［丰］。これなんですか？　読めないでしょう。これトヨタの豊って字なんです。

宮脇　そうか。だからみんなで悪口言ってて、雲（簡体字＝云）には雨がなく……。

宮崎　愛（簡体字＝爱）には心がない（笑）。

宮脇　ほんとにみんなで笑い話にしているというようなもんですよね。

李鴻章の後継者・袁世凱が中華民国を成立させた

宮崎　逆にいうと、よくあれで統一しているなと思います。一種の文化迫害なんだけど、

辛亥革命で独立を宣言した14省

［宮脇淳子作成］

まあ、それはともかくとして、最初に孔子で対抗した袁世凱はそれほどの教養人だったの？

宮脇　教養人とは言えないけれども、それでも一応「四書五経」を勉強した科挙《かきょ》官僚だから、古い漢字の資料が読める読書人です。私からみれば孫文よりはるかに政治が上手な男だなとは思います。だって、清朝時代に朝鮮総督のような地位にあったのですよ。日清戦争の最中には李鴻章《りこうしょう》の一の子分として日本と戦った人だし、それから中華民国総統に選ばれたあと、諸外国との間に五国借款も結びました。

宮崎　ということは外国知識と歴史的な基本要素を知っていなきゃできない。

宮脇　李鴻章の後継者ですし、かれがいなかったら中華民国は成立していない。

だいたい辛亥革命とか中華民国とか、立派な名前を使うからいかにもちゃんとした革命運動であり、民族国家だったように日本人は思いますけど、中国語では「武昌起義《ぶしょうきぎ》」といって、清の南方の地方軍長官のクーデターです。しかも武装蜂起《ほうき》したのはほとんどが日本の陸軍士官学校卒の軍人で、当時のシナ大陸にはまだ共通語もないから、日本語で連絡を取り合ったそうです。

誰も頭になれるほどの人物はおらず、このままだとまとまらないからと、日本や欧米に知られた孫文を臨時大総統という名前の頭の飾りにかついだわけです。孫文は革命に何の役にも立っていませんし、軍隊に直接の子分もいません。

これに対して袁世凱は、清朝最大最強の北洋軍の長だったわけですから、本気で革命討伐にあたれば、革命軍はひとたまりもありません。でももし内乱になったら、清朝の領土は諸外国に切り取られるということくらいは、袁世凱も孫文もわかっていたから、孫文は袁世凱にしぶしぶ大総統の地位を譲ったわけです。

袁世凱が、主人である清朝の支配層を説得して、一九一二年二月に清朝が平和裏に禅譲したから中華民国が成立したというのが私の意見で、孫文なんかぜんぜん話になりません。

客家とは何か

宮崎　孫文はペテン師だもの。西洋も日本も騙《だま》した。

宮脇　しかも、客家《ハッカ》コネクションのおかげで登場できた。宮崎さんの本をいっぱい読んだので、どれに書いてあったかちょっと思い出せませんが、客家が何かの王朝の傭兵《ようへい》になって南方に拡がったように書いてらしたと思いますけど、客家は傭兵になったことはありません。

客家というのは何かというと、もともと中原といわれる黄河《こうが》中流の文明発祥の地から、十三世紀にモンゴルに追い出されて最後に南下した語族です。元朝《げんちょう》を建てたフビライが西安あたりの一帯を個人的に所領して、自分の家来の遊牧民などを入植させた。あのあたりは、ちょうど昔から遊牧民と農耕民の接壌地帯にあたり、黄河の南の河南省まで、両岸の村は、じつはほとんどが先祖は北からおりてきた遊牧民なんです。いまでは漢字しか知らないし、いかにも中国人のような名前ですが、系図の始まりの祖先にモンゴル人の名前が漢字で書いてある。そんなにトップクラスじゃないモンゴル人たちがあの辺に入植して、それがずっといままで住み着いているんです。それで、もともとそのあたりに住んでいた人たちが玉突き現象で追い出されて、南宋《なんそう》時代くらいから南下したのが客家なんです。客家という漢字はよそ者という意味ですから、もともと南方にいた、おそらく越《えつ》などのタイ系を起源とする福建《ふっけん》人や広東《カントン》人がそう呼んだのでしょう。

宮崎　南宋の人たちは元寇に駆り出されて海の藻屑《もずく》と消えるか、それから河を渡って、南へ逃げたでしょ。元寇に駆り出された人たちは、平戸、松浦あたりで海に沈んじゃいましたが……。あれは言ってみれば傭兵では？　だから客家の家であるいわゆる「土楼」も福建省と広東省の山奥に集中してるんです。ほかにない。

宮脇　そう。沿海のいい地帯はすでにみんな他の語族が農地にしてしまっていたから、山側の荒地のところしか空いてなかった。それから四川省《しせん》にもちょうどモンゴル時代に新たに入植しました。前章でも軽く触れましたが、一度宋の時代に人口が激減するんですよ。

宮崎　飢饉《ききん》かなんかでね。

宮脇　それで客家や何かが入植して四川の人間が入れ替わる。モンゴルはもともと遊牧民で、シナ大陸も西側はけっこう馬で進めるため、北の草原から、大陸の真ん中を通って四川までモンゴル軍がそのまま入っています。沿海の河の水量が豊富なところは騎馬では無理なので内側から行くんです。モンゴル軍は大理を先に攻めてますでしょ。じつは大理王国があった雲南《うんなん》にもモンゴル部隊の駐屯軍がしっかり住み着いたんですね。いま雲南で系図が発見されて、じつは私たちはモンゴル人だと言い出して、中国政府から蒙古《もうこ》族として認められた人たちがいます。

宮崎　そういう例は多いですね。

宮脇　客家に話を戻すと、だから客家は、自分たちはもともといちばんの中心地から来た、古い文明の中心の中原から来た、というプライドが強い。どんなに貧乏でもです。山がちで豊かでない土地に入植して女性も労働力として必要だったため、絶対纏足《てんそく》はしないし、教育熱心で、人間関係のネットワークも大事にしました。

鄧小平も李光耀も李登輝も客家

宮崎　鄧小平《とうしょうへい》も客家でしたね。

宮脇　シンガポールのリー・クアンユー（李光耀）も台湾の李登輝《りとうき》も客家です。孫文の家は貧しく軍閥でもない。土地にまったく人脈はないわ、出身の村に助けてくれる親戚もいないわ、大陸に何の地盤もなくて、それでお兄さんがハワイに渡って成功してから、母親と弟を呼び寄せたので、孫文は十四歳でハワイで初めて学校に入って勉強するのです。十八歳で香港に戻って洗礼を受けてキリスト教徒になっています。つまり、孫文は英語教育を受けた華僑《かきょう》なのです。マカオと広州で医者を始めます。だから中国を外側からしか見てなくて、何もわからないくせに勝手なことを言っていた。でも英語がすごく上手でハンサムで、かっこよくて、日本人はみんな大好きになって援助しちゃった。

宮崎　あれはまずイギリス人の学者が騙されて、孫文をやけに持ち上げたでしょう。次に日本が、すっかり騙されて……。

宮脇　日本人ですよ。梅屋《うめや》（庄吉《しょうきち》）さんから、頭山《とうやま》（満《みつる》）さんも騙された。

宮崎　日本人から中国の革命運動のために集めた金の九五％は自分で使い、残り五％だけ革命運動に使った。これって汚職の典型じゃないですか、孫文は。

宮脇　しかも孫文を援助した日本人で死んだ人もいる。

宮崎　いまの習近平《しゅうきんぺい》の幹部どもの腐敗よりもひどくて、その元祖は孫文です。

宮脇　孫文の正体については私もずいぶん書きました。ようやく多くの日本人にも浸透してきたと思います。それで、革命のために東京で、興中会《こうちゅうかい》（孫文・胡漢民《こかんみん》・汪兆銘《おうちょうめい》）、光復会（陶成章《とうせいしょう》・章炳麟《しょうへいりん》・蔡元培《さいげんばい》・秋瑾《しゅうきん》）、華興会《かこうかい》（黄興《こうこう》・宋教仁《そうきょうじん》・陳天華《ちんてんか》）を合併して中国革命同盟会を結成したんですけど、それぞれ地方によって言葉の違う人たちが、孫文に威張られるのがいやだという理由で、すぐに分裂してますよ。

宮崎　だからメンバーでいちばん多いのは湖南《こなん》省出身者です。秋瑾も湖南省です。学者で救いがあるのは宋教仁ぐらい。宋教仁は日本語もかなりできたでしょう。

宮脇　彼は優秀すぎたから袁世凱に暗殺された。孫文を暗殺しなかったのは大した奴じゃないからで、宋教仁のほうが大物だったから袁世凱は彼を亡き者にしたんです。

宮崎　国民党を事実上つくり、率いてたのは宋教仁ですよ。
宮脇　孫文は頭の飾りにすぎません。

シナの反乱はすべて客家

宮崎　客家のことに戻りますけど、客家は中国人のなかでもものすごく一族の団結が強くて、それで中世風の丸いお城をつくって、その中庭に豚や牛を飼って、野菜を植えて。ちょっと平和なときにはまわりに田んぼをつくってと。土楼はフロアごとにまた一族が違ったりした。他の世界のなかでああいうことをやっているのはどのへんだろう。ウズベキスタンあたりにいくと、昔の古城なんていうのがみんなそれにけっこう似てるんだけど、やっぱり違うんですよね、客家とはね。
宮脇　ウズベキスタンで言うなら、すごい古い時代の都市国家ですよね。
宮崎　ミニチュアの都市国家ですね。
宮脇　だけど、秦《しん》の始皇帝《しこうてい》のまえの戦国の七国の時代だと、やはりそういうふうにして発展してきた経緯があります。すべての町にはしっかりとした城壁があって、門は日が昇るときしか開けなくて真っ暗になると閉めて、そうやって自分たち一族のネットワークを広げた。

宮崎　それって、殷《いん》の前だとすればレンガじゃなくて、土楼？

宮脇　土壁ですね。版築《はんちく》ってやつです、土を盛って固めるんです。

宮崎　カワウソが河に巣をつくるように、木を拾ってきて、それを土で固めて、重ねて、高い城にしたんじゃないかな。

宮脇　はい、だから土壁の幅が広いです。でもそれが首都に残るわけです。西安城《せいあんじょう》とか長安城《ちょうあんじょう》とかは、街の外側がすべて土壁で囲まれています。だんだん権力が拡がるとともに町のサイズが大きくなります。でもずっとあとまで、鎮《ちん》と呼ばれる地方の村も土壁で囲まれています。客家だけじゃなくて、シナの村で平たんな場所にあるものは、外敵におそわれないために基本的にそのようなつくりになっている。

宮崎　古城は都市国家の原型があって、客家はミニ都市国家をつくった、というふうな解釈でいいかもしれません。

宮脇　客家は完全にあとから異民族のなかに出ていきましたから。だから自分たちで防御のために固まるしかなかった。そこから太平天国《たいへいてんごく》も出ました。シナ近代の反乱は全部、客家から始まったと言えます。

客家語がいちばん古いシナ方言

宮崎　客家語はモンゴル語に似ても似つかない。
宮脇　違います。
宮崎　漢語とも似てない。
宮脇　そうではなく、客家語がいちばん古いシナ方言だそうです。紀元前の秦の始皇帝とか漢の武帝のころの発音をいちばんとどめているという言語学者もいます。
宮崎　文字は？
宮脇　文字はもう完全に漢字です。とにかく中国では文献は漢字でしか残っていない。「四書五経」に全部戻っていくわけです。自分たち独自のものなんかないんですよ。ないけどもたとえば、話し言葉の発音は、福建やいまの閩南《びんなん》はすごくなまった方言ですが、それに比べ客家語のほうが古い時代の中央の音を残しています。いちばん最後に南下してきたからです。
宮崎　へえ。そうですか。
宮脇　だから言葉の点でも自分たちはもとの、本当の漢族だ、というプライドが強いんです。
宮崎　ところが、台湾の客家なんかは、いまの世代は客家語しゃべれませんよ。李登輝閣下も流暢《りゅうちょう》にはしゃべれません。

宮脇　はい。台湾の客家は人口が少ないですから。ただ団結は強いですよ。家族のつながりとか。

宮崎　それでいて鄧小平やリー・クアンユーのようにトップに立つ人は多いんだよ。

宮脇　台湾に入って来た客家の家族を知っていますが、わりと福建人と結婚してますでしょう。

宮崎　けっこうそういうところは、自由というか、まあ通婚の概念も時代が変わったから。

宮脇　台湾だし。日本時代があったから変質している。

宮崎　いまの福建省の山奥の土楼なんか行ったって、もうあれ天然記念物で、中は五〜六人しか住んでないし、それでパラボラアンテナのどでかいのが立っていて、みんなでテレビ見ているしね。それからもう一つ。子供と老人しかいない。

宮脇　出稼ぎですね。

宮崎　若者や中年夫婦はみんなもう、都市へ出ちゃってる。もう戻ってこないですよ。そういう意味では急速に都市に溶け込んでしまって、だから客家語はそういう意味で、もう歴史を継ぐ必要性が薄い。

共産党の源流も南方の秘密結社も客家

宮脇　だけどもいまでもネットワークはけっこうよく機能しているから、日本では客家コネクションと言ったり、世界のなかでは商売とかで他と違うと言われている。

宮崎　けっこうありますけどね。

宮脇　客家は政治力が強いとか。共産党ももともと最初の哥老会《かろうかい》が大きな勢力でした。それから洪門《こうもん》ともいう三合会《さんごうかい》とか、南のほうの秘密結社で客家中心だっていうのがけっこうあるんじゃないですか……天地会《てんちかい》も。

宮崎　あれもフリーメーソンとなんか似ていてね。少し伝説的なところがあるんだけれども、洪門会っていうのはたくさん出て解説書があるので読んだけれど、みんな解釈違うし、これがやくざの源流だとか、青幇《チンパン》・紅幇《ホンパン》とか、非常に複合的な解釈でなんだかわかんないんじゃないですかね。

宮脇　秘密結社は秘密だから秘密結社なんで、全貌《ぜんぼう》はうかがい知れません。だから岡田英弘が書いていますが、たとえばシンガポールの秘密結社について、外国人の研究・報告が少しはあるけれども、それらを併せても本当のことはぜんぜんわからない。ただシナの秘密結社は、北と南とで完全に分かれていて、まったく違う組織で動いていることは間違いありません。北は白蓮教《びゃくれんきょう》の系統で、南が天地会です。もともと文化が違って南は米の文化で北は小麦の文化、肌合いも違う人たちで、昔から南船北馬《なんせんほくば》でしたものね。本来北方系だった客家がそこをつっきって南に降りてきているところが、南で異質なところかもしれません。

宮崎 かもしれないですよね。

宮脇 だから客家は周囲から差別されていたし、折りあわない。

宮崎 太平天国の乱を起こした洪秀全《こうしゅうぜん》も客家人？

宮脇 そうです。だって洪門（姓がみんな同じ洪）、天地会ですから。太平天国がどうしてあんなに流行ったかというと、いまの広西《こうせい》チワン族自治区で拡大したんですから。異民族つまりいまの少数民族の祖先と、客家が、太平天国の中心メンバーです。

宮崎 清朝にとっては迷惑な話で、しかも五千万人も殺されて、曾国藩《そうこくはん》が行って、なんとか退治したことになっているけど、あれ実際は曾国藩の軍隊じゃないですよ。イギリスの兵隊、砲撃の名人といわれたチャールズ・ゴードンかな。

宮脇 はい、そうです。常勝軍って呼ばれました。

宮崎 あれが大砲持ってきてバンバン撃ってね。それでやっと勝ったんだからね。

宮脇 そうです。清朝末期には、じつは太平天国だけじゃなくて、白蓮教の乱とか、捻軍《ねんぐん》とか、四川のほうの回族《かいぞく》の乱とか、同時多発的に起こるんです。けれどそれらの乱に対して清朝直属の八旗軍はまったく抑えることができず、土地ごとの義勇軍である郷軍《きょうぐん》がそれぞれ地方の農民たちを守った。この郷軍が軍閥のもととなり、清朝の権威失墜がスタートする悲劇的な時代となっていきました。

太平天国を持ち上げ利用したのは孫文と毛沢東

宮崎　太平天国がいま、共産革命の素地を拓いたとして、すごく高く評価されています。

宮脇　孫文が自分たちが客家なので、太平天国がシナ大陸で最初の客家の革命だって持ち上げたんです。はじめ太平天国の乱はそんなに評価されてなくて、同時代資料によればただの長髪族の乱と呼んで、日本人もバカにしているし、先に述べたように回教徒やイスラム教徒の乱などのなかのワンノブゼムだったのに、孫文が一九一一年の辛亥革命のときに、革命の前例として持ち上げたのを皮切りに、次に毛沢東が共産主義の萌芽《ほうが》だと再評価した。

宮崎　適当に解釈を変えるのは共産党の歴史観ですから。そもそも両者は何の関係もないのに。

宮脇　太平天国のスローガンに「天朝田畝制度《てんちょうでんぽ》」（田があればみんなで耕し、食べ物があればみんなで喰う）というのがあって、本当はぜんぜんそのとおりにならなかったのですが、中華人民共和国は大躍進運動と人民公社の設立のときに、前例があるというんで、太平天国をものすごく持ち上げたんです。要するに、屈辱のアヘン戦争を経て民衆が太平天国を起こしたという筋書きに毛沢東が歴史を改竄《かいざん》した。それだけをシナ近代史に仕立て上げた。その毛沢東の勝手な歴史観を日本の東洋史の研究者が鵜呑《うの》みにしてそのまま翻訳しました。全部嘘ですから。私はいま柏艪舎《はくろ》という北海道の出版社の依頼で、そうした誤った歴史観にもとづいて改竄された日本の教科書を、どのように正して読むかという本を執筆しております。

宮崎　南京《ナンキン》の故宮《こきゅう》へ行くと、洪秀全の玉座があって、なかにはピカピカの銅像があって、それだけでも驚きなんだけど、生まれ故郷の広州《こうしゅう》の花都《ファードゥー》には駅前に洪秀全博物館があります。展示内容は貧弱で、見るべき価値のあるものは中庭の銅像ぐらい。他にも生家跡があるので、タクシー飛ばしてそこに行ったんですよ。一時間ぐらいかかるんですけどね。立派なのが再現されてはいるんだけど、その日見学したのが私一人（笑）。だから現代中国人、誰も相手にしていない。

宮脇　毛沢東の鳴り物だったんですよね。おそらく毛沢東と一緒に洪秀全の評価もしぼんだと思うんですけど、毛沢東があのときすごい持ち上げた。実態は本当にひどいですから。洪秀全が南京を制圧したあとここを天京《てんけい》と名づけ、街にものすごい大きい宮城をつくって、奥さん何十人も入れて立てこもったんですよ。

宮崎　カルトだよね、そうなると。麻原彰晃《しょうこう》を五千倍にしたような。

宮脇　それで男と女は別々にして、夫婦も無理やり別々に分けて男の軍隊と女の軍隊をつくった。客家は纏足《てんそく》をしないので女の軍隊も三十万人いました。だから攻略した場所では、「解放」と称して女の纏足をほどいて労働をさせたので、それがいやで自殺者が多発したのです。そういう悲惨な話がいっぱい残っており、まさに中国共産党がやったのとそっくりです。

宮崎　その暴れ方と人の殺し方において共産主義者のやり方の原型なんじゃない？

宮脇　だから共産党は真似したというか、太平天国をすごく持ち上げたわけですね。

毛沢東と共犯、日本の東洋史

宮脇　でも日本の東洋史はその話をそのまま、毛沢東が政治的に改竄したとおりの中国近代史を書いて教科書にしてるんです。

宮崎　あのころ岩波書店から出ていた本は、すべて毛沢東を持ち上げていました。エドガー・スノーやアグネス・スメドレーなどみな「一流」のジャーナリストとして扱われたじゃない。

宮脇　私は、日本の将来をになう中高生に向けての中国近代史の本を書くために、今回改めていろいろ読んだ東洋史の参考文献が悲しくて、なんで日本人はこんなにウラが読めないのかと思いました。中国では書かれたものは史実ではなく、いつだって非常に政治的であるのに、それを書いてあるとおり鵜呑みする。

宮崎　佐藤公彦氏が書いた『中国の反外国主義とナショナリズム』（二〇一五年、集広舎）によると、戦後日本の中国史のアカデミック世界では、左翼知識人が論壇を壟断《ろうだん》したために、「階級史観」「プロレタリアート独裁史観」でまったく的外れな解釈を展開してきたと指摘しております。つまり、日本の中国史は出鱈目《でたらめ》な後知恵改竄《かいざん》であると。

したがって、左翼教条主義が去ったいまも、日本の現代中国史家の頭のなかは中国を善とする勧善懲悪的な二元論が支配しており、「歴史を道徳とか倫理でその正統性を弁証し、評価裁断しようとする癖は『史記』以来の歴史意識だから」であると佐藤氏はいいますが、日本の東洋史学者も同様なのでしょう。

つまり、左翼の間では神様だったスターリンが死んだときに、なぜか日本の株式市場がスターリン暴落になる。同じパターンで、マッカーサーが去るときには「マッカーサー出ていかないで」って、日本人が提灯行列までやらかして（笑）。あれと同じだ。

第四章　中国は大分裂するのか

アメリカの親中派学者も崩壊説を唱えだした

宮脇　宮崎さんの二十年前の本（『中国大分裂』ネスコ）では、中国は十六に分かれるとか、いろいろ書いてらっしゃいましたけど、中国に何が起こっても、やっぱりいまの国家体制が分裂するのはなかなか難しいですよね。

宮崎　大波瀾となって収拾がつかなくなった場合、中国は分裂する可能性が高くなります。だから共産党の崩壊というのは、日本人は希望的観測で言っているところがあるけれども、アメリカの親中派の学者で有名なデービッド・シャンボー（ジョージワシントン大学教授。ブルッキングス研究所シニア・フェロー）が今年（二〇一五年）中国共産党崩壊論を書いた。つまりシステムが行き詰まる。それから経済的困窮に陥って社会擾乱《じょうらん》に結びつくと、党の軍隊はここで動けなくなる。そうすると党は崩壊し、複数政党制、もしくは無政府状態に陥る以外選択の道はないのではないか、という仮説でした。それがいま現実味を帯びてきたでしょう。上海《シャンハイ》株が暴落し外貨流失で人民元が下がり、天津《テンシン》大爆発、いよいよ何かが始まりそうだ。もし始まったら、急速ですよ。

宮脇　始まったら、あっという間でしょう。

宮崎　おそらくね、二年か三年の単位でいま想像ができないような状況に陥ったときに、チベット、ウイグルあたりに火がつく。鎮圧目的で駐留している軍も、そのときは動かない。だって軍隊は食えなくなったらさっと散りますよ。そうすると中国の事実上の「植民地」であるチベットやウイグルは独立とか、少なくとも高度の自治を獲得できる。

崩壊した東欧諸国との比較

宮脇　けれども残念ながら、私は結局、少数民族主導の独立は無理だと思う。漢人《かんじん》がどこかを地盤にして自分の国をつくるという形にしかならないと思うんです。もう少数民族が自分たちでなんとかできるような時代は過ぎちゃった。

宮崎　そこでね、私は今年に入ってからもバルト三国とカフカス三カ国、そして旧ユーゴスラビアを七カ国廻りました、みんなソ連がなくなった結果、分裂した国家ですよ。そのプロセスと明日の中国とをどういうふうに結び付けるか、ということをいま試みているんだけれども、いま宮脇さんが指摘したとおり、もう少数民族主導っていうのは難しい。なぜかというと、たとえばアゼルバイジャンの独立は天から降ってきたんだけれども、それを継承したのはソ連時代の書記長のアリエフですよ。グルジアもそうでしょう。シュワルナゼっていうのはゴルバチョフのときの外務大臣ですよ。ガムサフルディアは別としてシュワルナゼがグルジアを統治してかなりメチャクチャにしました。バルト三国はどうかっていうと、やっぱり共産党が入っていてがんじがらめにしてるのを、だんだん、だんだん、小さな戦闘をやってね、やっぱりバルト三国の人々はソ連時代から独立心が旺盛だった。

宮脇　結局はそこの人々の気持ち、覇気《はき》にかかっているんですね。

宮崎　だからバルト三国はけっこう簡単に独立できちゃったね。で、ユーゴの分裂はどうかっていうと、これはいきなり数千年前ぐらいに戻っちゃうんだね。つまり、アレキサンダー大王やローマ帝国時代です。チンギス・ハーンは目の前に来た。それから神聖ローマ帝国、それからオスマン・トルコ。ぐじゃぐじゃなモザイクだったわけだから。もともと連邦国家として形だけの統一をしていたのです。

宮脇　チトーがいなかったら統一はありませんでしたものね。

宮崎　あれが異常な状態で、チトーはクロアチアとスロベニアの混血で蓄財に関心がなかったからカリスマ性があった。

宮脇　ものすごい強権だったでしょ。

宮崎　だから、もとに戻ったっていうだけのことなんですよ。旧ユーゴスラビアは結局、スロベニア、クロアチアという旧カトリックの国と、セルビアはロシア寄り、そのセルビアとしばし合邦したモンテネグロは西へ寄り、コソボがセルビアから無理やり独立してもっとも親米派になった。コソボはロシアや中国はまだ承認していませんが、日本は独立を認めています。そしてボスニア・ヘルツェゴビナはセルビアと闘って独立し、マケドニアもギリシャと国名でもめたが独立し、とうとう七つに分裂した。そうするとユーゴのケースを、中国に当てはめても、いまのところ類似パターンはない。

共産党が少数民族を増やした狙いはモンゴル・チベット・ウイグル対策

宮崎　もっと細かくいえばね。たとえば雲南省《うんなん》。あれ、二十六の民族いるでしょう。それじゃ散り散りバラバラになるかっていうとそこは……。

宮脇　だって中国の少数民族って、あれは共産党政府がものすごく人為的に五十五にしただけですから。ぜんぜん実態とイコールじゃない。あれは私が前に書いたとおり、モンゴルとチベットとウイグルを五十五分の一に矮小化《わいしょう》化しようという政策です。

宮崎　そのためには三千人ぐらいの単位の少数民族は認めて、三千以下は認めないことにした。五十五のなかには、普洱茶《プーアル》をつくってるハニ族までいれた。首狩り族もいるしね（笑）。

宮脇　最初は清朝時代の満《まん》・漢《かん》・蒙《もう》・蔵《ぞう》・回《かい》を継承したということで、「五族共和」だったでしょう。中華人民共和国建国時に少数民族と呼んだのは、蒙古（モンゴル）、回（漢人のイスラム教徒）、蔵（チベット）、維吾爾（ウイグル）、苗（ミャオ）族だったんです、そのあと南方のイ族と荘（チワン）族とプイ族が加わって八つになって、朝鮮族と満族と瑤《ヤオ》族で十一になって、あと十二になって、それからはじゃんじゃん認定して、最後に五十五にした。本来ありえない話なんです。ただ漢字を持ってなかった人たちは喜んで少数民族に認定してもらって、すごく平和にしているわけですよ。

つまり、たった五十五分の三のウイグルとチベットとモンゴルだけが騒乱を起こしていて、それは異常なんだと政府が演出している。北京オリンピックの開会式で五十五の少数民族がそれぞれの民族衣装をまとい平和に行進するなど、すごい政治的演出なわけです。

モンゴルとチベットとウイグルは、自分たちの歴史を持ち、言語を持ち、宗教を持ち、何より大きな領土を持っているのだから（中国全土の六割が少数民族自治区です）、小さな少数民族とは比較にならないのだけど、そんなこと言ったら、一票が平等である国連の仕組みだって同じですよね。

宮崎 広西《こうせい》チワン自治区が中心のチワン族なんて、千五百万人ぐらいいるけど、もう独立の野心もないでしょう。

宮脇 あともう一歩で漢人になるという状況です。いまの福建《ふっけん》人とか広東《カントン》人は何百年か前に、ちょうどいまのチワン族の感じだったでしょう。清朝《しんちょう》時代に土着の人々がどんどん漢族化して拡がっていった。

宮崎 満洲は？

宮脇 満洲帝国が最後の花だった。中国語で満族と呼ばれる満洲人は、もう漢族の大海の中に溶け込んじゃった。

宮崎 満洲語しゃべれる人っていま何人ぐらい残っているんですか？

宮脇 金大偉《きんたいい》という日本に帰化した満族のアーティストがつくった『ロスト・マンチュリア・サマン』（二〇一五年）という映画に、黒龍江《こくりゅうこう》省の辺境の村で満洲語をしゃべるおばあさんのインタビューが映っています。何百年も自分たちの間だけで話し伝えてきている言葉だから、清朝の満洲語文献がよく読める主人の岡田英弘でさえ一言も聞き取れませんでしたが。黒龍江のほんの一部の村と、新疆《しんきょう》北部のシベ族という、清朝時代に屯田兵として家族ごと移住した人たちだけがしゃべっている。本当にもう数えるぐらいですね。

宮崎　新疆に入った満洲族でまだしゃべる人たちがいる？

宮脇　まわりが全部イスラム教徒だったために、隔離されてかえって残ったんです。そこは村ごと何万人かが満洲語の方言をしゃべっていて、日本人の研究者もおおぜい行っています。イリのカザフスタンとの国境に住んでいる人たちで、でもそれはちゃんとした宮廷満洲語ではなくて、すごいなまりのあるシベという部族の言葉ですが、満洲語と同じ系統で方言のようなものですね。

宮崎　合計して何百人単位？　何千人まで行く？

宮脇　まあ、三万人ぐらいですかね。

宮崎　それじゃあ本当に死語になっちゃった。

宮脇　満族はいま中国に千何百万人かいるんですね。一九八〇年ごろの統計では四百万人くらいで、中国では満洲族と言わせなかったんですよ。満洲というと日本との関係が深いということになるから、中国では満族というんです。

宮崎　れっきとした独立国だった満洲国を中国は偽満洲国という。

宮脇　だって満洲国と呼ぶと、そちらが清朝の正統の継承国家で、自分たちは簒奪《さんだつ》者ということになりますからね。ところで、中国では漢族は漢民族と言われたくないんですよ。

民族というと少数民族のことになる。だから自分たちを漢族とはいうけど、漢民族と呼ぶと怒るんですね。ともかく満洲族じゃなくて満族です。一九八〇年代の鄧小平時代になり、政治的に無力だとわかってから、満族を少数民族に認定した。満族村や満族自治県や満族自治州などを一気に認定したんです。そしたらとたんに満族が千四百万人に増えました。

宮崎　奉天、いまの瀋陽《しんよう》の故宮《こきゅう》あたりに行くと満洲八旗《はっき》の旗が立っているから復活してるように見えます。

宮脇　いまはもう観光地ですから。事情を何も知らない担当者がでたらめな説明をするから、行くと腹が立つ。ところで、一九八〇年に四百万人くらいだったのが、どうしてそんなに短期間に満洲人が増えたのかというと、その実態は子供の数が急激に増えたわけじゃなくて、満族村と認定された段階で、せっかくそうなったんだから村に住む漢人もみんな満族になろうということだったようです。一人っ子政策でも、満族は子供を二人生んでもいいという特権もあり、じつは四代目前に満族が一人います、とか申告して満族になる人も少なくなかったのです。

宮崎　そうそう、便宜的にいつでも戸籍を変えるからね、あの人たちは。

宮脇　満洲人とモンゴル人の混血って多いんです。内モンゴル自治区でもモンゴル人は差別されていて、モンゴル語だけしかしゃべれないと一生出世できないから、モンゴル語学校がどんどん潰れていきます。現実問題として漢字を習わないと生きていけないから。

宮崎　新疆ウイグルに行ったらウイグル人がみんな北京語の教科書読んでいますよ。公務員試験、車の試験、全部試験は北京語だし、それからいま小学校三年からもう、学校では自分たちの言葉をしゃべっちゃいけない。チベットも、ひどいことになっています。チベットの若い女に四川省の観光地で足裏マッサージしてもらったことがありますが、まったく日焼けしてない。もう平地で小っちゃいときから育っている。それで北京語しゃべるんです。「あんたたちチベット語しゃべれるか」って聞いたらしゃべれない。「うちのお爺ちゃんお婆ちゃんはしゃべれる。もう私たちは全部北京語です」って。そこまで言葉が死滅しかけているのが怖るべき現実です。

宮脇　中国は少数民族地帯で文化抹殺していますから。それを受け入れないと生きていけない。『China's Tibet』という、美しい写真がたくさん掲載されている大判のグラビア本が北京で売られていますが、つまりチベットは中国である、というものすごい宣伝です。史実は、一九五九年にダライ・ラマが亡命して中国共産党がチベットを制圧した。ウイグルも指導者が殺され、内モンゴルは文革のときに毛沢東が殺して歩いた。チベットもウイグルもモンゴルも、中国共産党が来るまで漢字ができなかったから中国ではなかった。

宮崎　ぜんぜんね。だからフフホト（呼和浩特）なんか行くと、露骨にわかるのは、街づくりの悪どさですよ。仏教寺院を囲むようにわざとイスラム教徒を入植させて、その街を囲ませる。フフホトは全部そういう設計しているんですよ。それで、このあいだ行ってもっと驚いたのは、ピッカピカのモスクが林立していて、要するにゴーストタウンみたいに建築物だけつくって、完全にイスラムの町にみせかけている。建物だけね。ホリデイ・インに泊まったんだけど、その裏側がイスラム街なのです。フフホトは仏教の有名なお寺があるのですが、完全に俗化して、漢族の団体ツアーがひっきりなしに来て、昔二十円の入場料だったのがいま八百円も取る。

宮脇　北京にあるチベット寺院の雍和宮《ようわきゅう》もすごいですもんね。そんな感じですよね。

宮崎　あれはもう完全に観光地。入るなりお茶売っているし、物売りつけるしさ、押し売りね。つまらない土産品ばかりで、仏教グッズに乏しい。線香と数珠とお経のＣＤくらいしか売っていません。

宮脇　仏教の僧侶の格好をした人は全員国家公務員ですものね。共産党はほんとに宗教を道具だとしか思わない。

宮崎　北京の雍和宮はなんとなく民族融和を演出するためのジェスチャーですね。

宮脇　チベットで共産党はそういうことばかりしている。内モンゴルのフフホトもチベット仏教ですからね。だからモンゴルとチベットに団結されるのが嫌なんです。モンゴルがチベットに肩入れするのも嫌だから、モンゴル騎兵をチベット侵略の手先に使ったし、文革のときは、イスラム教徒の回族とモンゴル族を争わせました。要するに「夷を以って夷を制する」。そういうことは中共は上手なんですよ。だから少数民族の力だけではとても独立できないでしょう。

宮崎　中国の軍隊は主に国内を向いていますから。日本での議論は、中国の軍事力の脅威ばかりですが、確かに脅威なんだけど、あの二百三十五万人の軍隊の実態というのは、ほとんどが内向きなんだからね。まずチベットの反乱を押さえるために五十万人、ウイグルの反乱を押さえるために、生産建設兵団を含めると百二十万人をウイグルに入れているでしょう。そして、北朝鮮に備えて瀋陽《しんよう》軍区に四十万人いる。残り何人いるんだと。日本を侵攻しようとした場合、いったい何人来れるか。尖閣上陸なんかやるときは少なくとも五万ぐらい、台湾上陸のときは二十万ぐらいいりますよ。そんな軍事力、とても割けない。だから、そういうことがあるというよりも、中国軍のいまの性格というのは拡げすぎた版《はん》図《と》をいかに維持するかということだけで汲々《きゅうきゅう》としているのが実情です。

宮脇　だから、中国に何か起こって漢族同士が権力争いをしたときに、果たしてどうなるかというのは別の問題になるわけですね。いまのところ予想つきませんが。

中国の王朝滅亡パターンの研究

宮崎　そこで宮脇さんにお聴きしたいのが、これまでのシナ王朝の滅亡パターンの研究です。まず、項羽《こうう》と劉邦《りゅうほう》でお馴染《なじ》みの漢からですが。

宮脇　比較するために、まず秦《しん》の始皇帝《しこうてい》の大統一からお話ししたいと思います。紀元前二二一年の始皇帝による秦の統一がシナ史の第一期と私たちは区分しておりますが、始皇帝が天下を三十六の郡にしたというのは、戦国七国時代に各地方にあった都市をすべて直轄地と定め、全土を郡に分けて自分が直接派遣した官僚に置き換えたわけです。それが大統一なんです。だから文字も統一し、度量衡《どりょうこう》も統一し、焚書坑儒《ふんしょこうじゅ》もした。それでやっと隅々まで一つの文字、一つの秤《はかり》で統一された。

ところが始皇帝の次の二世で秦が潰れてしまうと、これまで直轄軍を派遣していた郡の統一がとれなくなり、戦国時代の各地の王家も復活しました。始皇帝の統一からまだ一世代ぐらいで間もないので、かつての七国にちなんだ多くの王家が復活した。そしてそれぞれが合従連衡《がっしょうれんこう》するわけです。またもとの戦国時代みたいに組んだり離れたり。

それらの最後に残ったのが項羽と劉邦で、それぞれ率いる勢力圏をまとめて一騎打ちとなった。一騎打ちとなったんですが、勝った劉邦の側の書いたものしか残っていないので、要するに項羽が悪く書かれています。確かに項羽は生まれもよく、ボンボンで、秦の始皇帝のやり方、つまり古いやり方を踏襲した面もあり弱かった。

宮崎　項羽は基本的に悪さが足りないんだ。

宮脇　そうですね、中国史では慈悲のある人は潰れるんです。

宮崎　それはさておき。中国のいまの隠れた大ベストセラーは『腹黒学』と言ってその名のとおり腹がいかに黒いかを書いた本。通算で二千万部を超えていて、中国人はみんな読んでいる。日本でも翻訳が出たけど、ぜんぜん売れない。やはり日本人の肌にはまったく合わないんです。

宮脇　今回、劉邦について調べましたが、研究者も少なくて、大したことはわからない。ただ非常に仲の良い部下たちが劉邦を盛り立てて、郡や国をまとめて権力を取るわけです。日本の東洋史は、漢の始まりのころ地方で郡と国が混じっていた状態を「郡国制《ぐんこくせい》」という制度としてとらえていますが、制度でもなんでもなくて、郡として直轄できた地方のエリアがすごく小さくて、残り全部に始皇帝の統一以前の戦国時代の国が復活し、手が出せなかったのです。そういう異姓の国王がいるところは国と呼んだわけです。劉邦はその異姓の国を一つずつ潰して、それらの国の王を劉という自分の一族に置き換えていきました。

それが漢の最初の二代です。

武帝《ぶてい》の直前の「呉楚七国《ごそしちこく》の乱」というのは、呉と楚にあった漢の皇室と同じ一族の王が反乱する話です。つまり、なんで宗家だけが偉くて、同じ劉邦の子孫である自分たちが犠牲にならなければならないんだ、と。呉楚七国というのは、もともとは呉も楚も、長安《ちょうあん》、洛陽《らくよう》とは違う人々のいるところに落下傘でおりた劉一族が王になったという経緯があり、本来中央と一緒にやりたくない地方が、異姓の王を取り込んで乱を起こしたわけです。「呉楚七国の乱」を平定したあと、やっと漢の武帝になる、ここで初めて郡国制がなくなると東洋史学者は言います。でもそういうのは制度じゃないでしょう。

宮崎　状況ですね、システムじゃない。

宮脇　そういうのを全部システムだとして、いかにシナには最初から立派なシステムがあったかと東洋史学者は言いたい。同様に、唐《とう》にしても律令制と府兵制があったと言いますが、システムではなく実態でしかないのに。しかもある特定の時期のある特定の場所でしか行われていません。こうしますと宣言した文書は残っていますが、実態として唐を通じてずっとあった制度ではない。

宮崎　いまの中国の存在状況と同じじゃない（笑）。

漢はなぜ衰弱したのか

宮崎　その漢はどうして衰弱していったのですか？

宮脇　漢の武帝のときにまずお金を使い尽くしたのがきっかけです。したがって、いまお話しした呉楚七国の乱を平定したあたりが漢の最盛期です。「前漢」とのちに歴史家は言うわけですが、武帝のときに領土がしっかりと安定したことでものすごくお金がたまった。武帝はちょうど清の乾隆帝《けんりゅうてい》とよく似ていて、血気盛んで若くして皇帝になって、そしてそれまで交易関係のあった地方全部を直轄しようとして朝鮮に出て四郡を置き、朝鮮半島の南までを直轄領にした。また、一方では雲南まで出て行っては南方貿易を自分の手に握り、北のほうは遊牧民の匈奴《きょうど》を追った。これまでは遊牧民に対して卑屈だったけれども、これからはやっつける、と霍去病《かくきょへい》を派遣したりした。結論から言えば遊牧民との戦いは全部失敗しますが。

宮崎　大長征というか、ほうぼうへ行った。霍去病を祀る大きなレリーフを飾った公園が甘粛省酒泉《かんしゅくしょうしゅせん》にできていました。見学したとき歴史改竄《かいざん》の見本公園かと思いましたね。

宮脇　汗血馬《かんけつば》という、よく走るサラブレッドのもとになった馬がいるんですが、その馬が欲しいと思うと出て行く。

宮崎　カザフスタン、ウズベキスタンあたりだ。

宮脇　そうです。李広利《りこうり》など何十万もの兵を率いて遠征して、帰ってきたのはたったの何百人。さんざんたる遠征なのに、馬が手に入ったので良かった、というような人です。武帝にとって人命なんかどうでもいい。それで何十年もの間思い切り拡大して人を殺し、お金がなくなり、漢はすっかり疲弊しました。武帝が死んだときに、家来たちは「もう十分だからやめよう」と、大縮小のリストラに入るんです。このときに朝鮮半島も漢の四郡はやめて、楽浪郡一つだけ残しました。遠方のところから直轄軍を全部引き上げてきたのを機に各地も自立するようになり、そして宦官《かんがん》と外戚《がいせき》が勝手なことをしだす。

宮崎　その隙《すき》をついて王莽《おうもう》が出てきた。

宮脇　王莽は王という皇后の一族で、皇帝がボンボンばかりで、外戚と官僚の権力闘争になっていた。王莽は伯母の皇后が嫌がるのに、順番にいろいろな若い皇帝に取り入って、最後に皇太后になった伯母が死んで乗っ取ったんですね。だからあれは簒奪王朝です。

宮崎　新《しん》という国の名前でしょう。いまの中国史には新王朝なんてなかったことになっている。

宮脇　漢が続いたことにしています。あれは都合が悪いから。王莽は儒教が好きでしたが、そもそも漢の武帝のころには儒教は国教になっていません。それを後漢の儒教学者が嘘をついて、もっと昔から漢を率いていたのは儒教徒だということにした。

宮崎　新という儒教王朝は十一年ぐらいしか持たなかったんですよね。

宮脇　そうです。でもそのあと、後漢《ごかん》の時代になる前ですけれども、漢の一族は全土に拡がって勢力圏があり、劉邦のときと同様に戦国時代の様相を呈していた。結局、最後の最後にのちに光武帝《こうぶてい》となる劉秀《りゅうしゅう》が新を倒し、一人だけ残ったので、その人を中心とした歴史になりますが、実際には誰が残るかわからないくらい大混乱が全土で続いていました。

後漢は秘密結社が潰した

宮崎　でも後漢はけっこう続いた。

宮脇　黄巾《こうきん》の乱のあと滅びるまで二百年近く続きます。後漢がなんで潰れたかというと、軍隊と関係があります。じつは資料には出てこないのですが、大事な動きなので説明します。

地方の農民が軍に徴用されやがて退役するわけですが、その退役軍人の行く先がじつは大きな問題となります。つまり彼らが街に集まると不穏なことになるわけです。地方に帰っても長男がすべて土地を管理して、それ以外の残った農民もみんな土地を持っているわけだから、退役軍人たちを食わせるための場所がない。

宮崎　いまの人民解放軍の退役軍人たちには年金があるけどさ。

宮脇　彼らはもと軍人なので武器は使えるし、漢字も少しは覚えているし、仲間もいっぱいいる。そこで相互扶助組織として秘密結社をつくる。それが街に結集する。

後漢が結局なぜ滅亡するかというと、まず第一に人口が増えすぎた。そのため、街が不穏になって、あげくに天災が起こり、飢饉《ききん》が起こり、重税に反発した民衆が暴動を起こす。ただ前にも強く述べましたが、前の王朝がなんで滅亡したかという理由を書くのは次の王朝です。だから悪口ばっかりになる。

宮崎　そうなんです。そこがまた嘘になる。嘘で固めたうえに新しい嘘をつき、それからさらに嘘を重ねる。つまりは嘘だらけで、どれがどれほどの嘘なのか、あるいは何が真実なのかは、結局誰もわからない。

宮脇　そのためシナ史で真実を特定するのは、これがなかなか難しい。ただ言えることは、人口増のゆえ食糧不足に陥る。そういう食えなくなった人たちの暴動が黄巾の乱で、シナ史上初めての秘密結社の乱です。秦の始皇帝時代に陳勝《ちんしょう》・呉広《ごこう》の乱がありますが、秘密結社ではありません。あれはただの暴動で、万里の長城をつくるために徴役されている人たちが時間に間に合わなくて勝手に起こしただけの話で、秘密結社は一八四年の黄巾の乱のときに始まりました。

紙の発明が秘密結社を誕生させた

宮脇　なんでこれが初めての秘密結社の乱かというと、紙が発明されたあとだからです。それまでは紙がなかったため、竹簡《ちくかん》や木簡《もっかん》、あるいは絹などに文字を書くしかありませんでしたが、高価で普通の人にはとても手が出なかった。そもそも書き記すことができないと全国同時の蜂起《ほうき》などできないわけです。それが紙の発明により、軍隊で漢字を覚え、グループができてその人たちの間に宗教が広まると、たとえば「いまの王朝はもうおしまいだ」というような教えが紙に書かれて一気に拡がる。それが同時発生的に号令とともに反乱を起こしたので、非常に有名になって、黄巾の乱と呼ばれた。

宮崎　その黄巾党というのは宗教的にどういう影響を受けているの。それとも思想的にはのちの太平天国《たいへいてんごく》とか義和団《ぎわだん》とか、とくに白蓮教《びゃくれんきょう》なんていうのは怪しい宗教だって言いますね。

宮脇　道教の一種です。白蓮教というのはキリスト教にも入った千年王国論というゾロアスター教の影響を受けています。黄巾の乱のときの太平道は失敗した運動なので詳しいことはわからないのですが、終末論的なビジョンは持っていたようで、道教の一種です。

ただ道教と一口に言うけど、ちゃんとした一つの宗教かというと、違います。道教には派がいっぱいある。なぜなら前章で述べたように、シナでは家族とか地方ごとに自分たちの神様を祀っているわけだから。つまり、仏教でもなくキリスト教でもないものを、いまは全部「道教」という枠に押し込めているだけです。

宮崎　それが黄巾の乱を起こした？

宮脇　黄巾の乱を起こした太平道と同時に起こった五斗米道《ごとべいどう》というのが、後世の道教の本流になったと、岡田英弘が書いています（『岡田英弘著作集4　シナ（チャイナ）とは何か』藤原書店、二三六頁）。四川の山奥で起こった宗教秘密結社で、黄巾の乱と同じ一八四年に反乱を起こしているのですけど、黄巾軍に加わらなくて、かえって漢の軍隊に協力して黄巾軍を撃退したので残ったのです。彼らが自分たちの経典だというものを残しています。

宮崎　四川省に残ってるんですか。

宮脇　黄巾の乱が起こったころは漢の各地でそういう動きが起こっていたのですよね。ただあっという間に潰されるわけです。漢の正規軍は圧倒的に大きいわけですから。ところが漢の軍隊は黄巾の乱を鎮圧するんだけれども、鎮圧した反乱部隊、鎮圧した人間全部を自分たちの軍隊に取り込んでいくので、鎮圧に行った将軍の軍隊の数が増えるわけです。まだそのころは人が財産なので、今度は大きくなった軍の将軍同士の抗争が始まる、ここからがいわゆる「三国志」です。

黄巾の乱と法輪功は似ている

宮崎　いまのお話を伺ってると、黄巾の乱と江沢民が弾圧した法輪功《ほうりんこう》とは似てるね。

宮脇　はい、だから彼らが「歴史に範をとる」と言うのはそういうことで、一応歴史は勉強しているわけです。そういう宗教秘密結社はヤバいから。

宮崎　歴史の恐ろしさというのはそういうことなんだよね。

宮脇　だからこそ潰すわけです。つまりシナ史では、利害関係をもとめない集団がヤバいわけです。利害関係だったら金さえ出せば掌握できる。そうでなくて宗教なんていうのはいちばん困る。死を恐れないというのが困るわけです。だから途中途中でいつも弾圧される。時代が飛びますが、明《みん》の朱元璋《しゅげんしょう》も、白蓮教徒がいちばんの敵になる。

宮崎　自分が白蓮教徒の坊主出身なのにね。

宮脇　むしろ、だからこそ白蓮教徒を弾圧しまくるわけです。それで、その一部が、モンゴルに逃げるんですよ、万里の長城の北へ。そして、モンゴルの君主が彼らをかくまう。それでその人たちが町をつくって、モンゴル遊牧民の君主のために働くんですよ。

宮崎　いまでも残っている？　その町。

宮脇　フフホトです。

宮崎　ああ、フフホトがそうですか。

宮脇　話を戻して、黄巾の乱で将軍たちが反乱軍を吸収して、勢力が強くなったことと、宮廷は宦官が牛耳っていて、宦官と将軍の間の抗争が激しくなるというのが「三国志」でしょう。それから十何年も戦争が続いている間も後漢があり皇帝もいる。

宮崎　それは辛亥革命後も中華民国は南シナの一部を支配しただけで、華北はちゃんと清朝が残っていたように、後漢は残ったわけね。

宮脇　そうです。魏《ぎ》の曹操《そうそう》は後漢の皇帝を一応は傀儡《かいらい》にして戦っているわけで、最後の最後に後漢がなくなってからが本当の「三国志」となる。だからその十数年は「後漢」といっても、有名無実で、地方は将軍たちつまり軍閥が跳梁跋扈《ちょうりょうばっこ》する弱肉強食の世界だった。

明の朱元璋は毛沢東にそっくり

宮崎　明の朱元璋の時代まで来ました。朱元璋をもうちょっとまとめると、要するに坊主で経典が読めたから軍のなかで目立つ存在になった。そして権力を握るや、まわりの忠臣たちはみんなぶっ殺していくんだよね？

宮脇　はい。

宮崎　最後に自分のバカ息子を皇帝にする、ということでしょう。

宮脇　明の朱元璋の跡継ぎ問題ですが、朱元璋は毛沢東《もうたくとう》とそっくりだって言われているんですよね。自分の子供も信用できないんでそれぞれ各地の王様にしちゃったわけですよ。その間でまた抗争が起こり、最後は息子と甥がやりあって、永楽帝《えいらくてい》という北京《ペキン》を本拠地とした息子が、南京で即位した直系の皇帝の甥を殺し、北京に都を移した（靖難《せいなん》の変）。これが明の永楽帝で、諡《おくりな》（死後の廟号）が、太宗《たいそう》と世祖《せいそ》の二つあるんです。もういっぺん祖の字を使うのは、明は実質一度断絶していて、そこからしか明が始まってないという主張でもあるわけです。言ってみれば直系から傍系に移っている。北京という名前が始まるのはそのためです。それまでは大都《だいと》とか、中都《ちゅうと》とか、ぜんぜん違う名前です。明は南京《ナンキン》を首都として出発した王朝で、のちに北京に首都を移したために、北の都という意味で北京になる。しかもペキンという発音自体が南方方言なんですよ。つまり明の王朝は南の人たちだったからペキンと呼び、それが現在も続いて、いまの普通話《プートンホワ》ではベイジンなんですけど、英語ではペキンとなってる。

宮崎　いまは中国共産党の併音《ピンイン》が世界に浸透したから、英語でもベイジンですよね。日本はいまでもペキンと言ってる。

宮脇　漢字なんてどう読んでもいいんですね。あれは発音するものじゃなくて、見るものなんです。

それで、永楽帝はなんで南京から北京に首都を移したかというと、南京では南方だけの王朝になる。元朝を回復するためには、北と南と合体した首都でないと困ると思ってわざわざ北京まで首都を持っていったけど、失敗したんです。つまり北を回復できなかった。それで万里の長城をつくって、明は結局は南朝に——元朝の南半分だけしか継承できなかったんです。
でも永楽帝だけは鄭和《ていわ》の南海遠征もそうだし、モンゴルを回復しようとして五回もモンゴル高原に軍を送り、満洲は黒龍江のいちばん河口まで押さえて、断固としてモンゴルの元朝を回復しようとしたんですよ。

宮崎 元朝の版図ね。

宮脇 版図。ところが、漢の武帝とちょっと似ているところですけれど、永楽帝が死んじゃった途端に、まわりの家来たちは「やーめた」ってバーッと引っ込んだ。

宮崎 鄭和の艦隊は七回も世界を大航海して、コロンブスを遡《さかのぼ》ること半世紀ぐらい先でしょう。コロンブスはジェノヴァかどっかで、鄭和の艦隊の航海地図を見て、それでヒントを得た。それで鄭和が北東アフリカまで来たんだったら、われわれは西へ行こう、それが確か一四九一年。

宮脇 永楽帝が一四二四年にモンゴル高原への五度目の親征から引き揚げる途中で亡くなったあと、鄭和は最後の遠征に派遣されていますが、惰性ですね。

宮崎 あれだけ海外進出をしていたのが、永楽帝が死んだとたんに鎖国に転ずるんだね。すごい両極端ですよ。

宮脇 だから結局は、支配者の頭のなかだけにしか世界観がないというか、一般の漢人と、支配層はいつも別の人種だと言っていいと思います。

宮崎　しかも鄭和の本名は「馬」でね。マホメットの「マ」だ。

宮脇　イスラム教徒で、宦官で。だから明代の漢人に見えても、みんなモンゴル帝国のときに入って来た人たちなんですよね。モンゴル帝国のときに入ってきた人たちが半分、そのまま明に、南に残ったわけですよ。なぜかというと、逃げた支配層についていきたくないモンゴル人たちが全員明に残った。

永楽帝は、モンゴルのおかげでわれわれの今日があると書いています。それでモンゴルを継承したわけです。だから明の軍隊も、元朝の軍隊ほとんどそのまま自分たちの軍隊にして、だから前半の永楽帝まではモンゴル時代の政治と世界観と、そういう世界版図への拡がりとかを維持しているわけですね。ところが次の世代になると、現地の漢人はめんどくさいことは嫌だし、「北虜南倭《ほくりょなんわ》」と言い、南は倭寇《わこう》で北は韃靼《だったん》が攻めてくると言ってすっかり閉じこもってしまった。

大分裂の兆候とは何か

宮脇　じつはシナ史では、軍を指揮している将軍は宦官が多いんですね。宦官というと日本人は後宮で女に使われている男としか思ってないけれど、宦官は子孫が持てないから、一般には自分の家族から切り離された男――つまり皇帝の手足という意味で、皇帝が手足の如く信頼しているから軍隊を任せるわけです。現政権でいえば王岐山《おうきざん》がそうですね。

宮崎　そう、王岐山には子供がいない。だから習近平が信頼して反腐敗キャンペーンをまかせている。

宮脇　これも日本人にはわからないことですが、この世に家族や一族がいないということが皇帝にとっては最大のメリットなんですね。なぜかというと、これまで見てきたように、漢の時代でも自分の一族を王として地方に赴任させたとたんに、今度はそこを拠点に反乱するわけです。だから血縁関係というのはじつはいちばんのライバルで、あとで粛清するのに苦労をする。それで自分の身体のような存在の宦官が子飼いの部下になるわけで、最初は秘書室長だったのが、位がどんどん高くなって、権力を持つようになります。

それをやはり制度史のように日本の東洋史は言うけれど、これも大間違いです。大臣が外側で勝手な権力を振るうのを牽制《けんせい》するために、皇帝は自分の子飼いを秘書室長にし、次に秘書室が大きくなりすぎると、今度は中書省《ちゅうしょしょう》という翻訳官僚のグループがいちばんのてっぺんになって、その中書省を牽制するために清朝では軍機処《ぐんきしょ》をおいたという具合に、実権を持つ役所の名前が変わっていきます。

宮崎　令計劃《れいけいかく》の失脚と同じなんだね。あれも秘書長(中央弁公庁主任)じゃない。せいぜいが。

それなのに、いつの間にやら絶大な権力を握っていたわけでしょう。それを習近平は不快とし、失脚させてしまう。

ここまでの議論をまとめると、歴史的に中国王朝の崩壊のパターンは、モンゴルのような一元的軍事支配が弱まり、宦官の力が強くなり宗教が跋扈《ばっこ》すると危険信号なわけだ。

第五章　「習王朝」権力闘争の行方

第一期と第二期で変質したプーチン政権との類似点

宮崎　今度はロシアのプーチンの話を中国の政権と比較するためにしてみますとね、プーチンの第一期政権は、エリツィンを引き継いで、閣僚はみんなエリツィン一派がプーチンのまわりを囲んだわけです。だいたいみんな経済改革者で、かなり経済思想がリベラルな人たちだった。それがいよいよ二期目の大統領府に入って、クレムリンはもうプーチンのお仲間——中学時代の同級生とか、それから昔のＫＧＢの同僚ばっかりで、リベラルな人は完全にアウトサイドというか、傍流に押しやられました。ネムツォフ（元副首相）は消されたし、ホドルコフスキーは獄へ十年も放りこまれた。

宮脇　要するに、二期目からは経済改革に大いに功績のあった人も外側に追い出して、自分たちのグループだけにしたということですね。

宮崎　逆に言うと、西側との対決姿勢を厭《いと》わない強硬派ばかりで、ぐるっと囲んじゃった。つまり、第二期目のプーチン政権は変質しているんです。

さて習近平《しゅうきんぺい》だけれども、この人もかなり変質しちゃった。なぜかというと、初めはニコニコ笑って、各派（団派《だんぱ》、上海派、太子党《たいしとう》）の鼎立《ていりつ》というか均衡状態を保ちながら、特権階級の権力だけは維持する、「お前はそのための役目なんだ」といって江沢民《こうたくみん》から指名されて、権力を握ったでしょう。しばらくじっとしてましたよね。よく見渡せば、自分の手下っていうのはほとんどいない。それで団派つまり胡錦濤《こきんとう》派の勢力がかなりあちこちに散らばり始めて、それともう一つは江沢民の残党がいるわけでしょう。にっちもさっちもならないときに、習近平が王岐山《おうきざん》と組んで使った手というのが、こういう手があったのか、というか、「反腐敗」キャンペーン。それで「反腐敗」で摘発すると政敵も怖気づき始めたというか、戦《せん》慄《りつ》させた。気がついたらチャイナ・セブンは権力に何の関係もなくなっていたんだよね。

つまり政治局常務委員のうち、四人の江沢民派、張徳江《ちょうとくこう》、兪正声《ゆせいせい》、劉雲山《りゅううんざん》、張高麗《ちょうこうらい》は全員閑職もしくはキツイ仕事に追いやられる。張徳江には香港を担当させ、それで香港で吊るし上げを食う。劉雲山にはやっかいな北朝鮮問題、張高麗には、うまくいくはずのないシルクロード構想の責任者を。上海派で太子党の兪正声にいたってはほとんど活躍の場がない、閑職。

本来なら経済を担当する国務院で、その総理である李克強《りこくきょう》首相から、ほとんどの経済実権を取り上げ、自らが「小組」を三つも四つもつくって主任を兼ねた。つまり経済実権を団派から取り上げました。そうすると習近平がいちばん信頼してるのは王岐山だけですよ。

それで、自分たちの首席スタッフのオフィスというか、アメリカで言えばホワイトハウスの大統領首席補佐官、これは栗戦書《りっせんしょ》を持って来たでしょう。栗戦書だって本来ならば団派なのにもかかわらず、陝西省《せんせいしょう》に流されたときの仲間だから信頼してるんですね。経済ブレーンは誰かといったら、これは劉鶴《りゅうかく》を持って来た。外交ブレーンは王滬寧《おうこねい》。つまり中国におけるキッシンジャーみたいな人でね。

気がつけば習近平の権力中枢にほとんど団派がいないんだよ。だから、プーチンのやり方と非常に似ている。ただプーチンはイデオロギー的に反西洋で固まっているんだけど、習近平の場合イデオロギーがないんですよ。強いて言うなら「共産主義」が「愛国主義」に置き換えられた。

習近平の権力闘争は続いている

宮脇　そうすると結局、共産党内で「腐敗」と言えば、全員が脛《すね》に傷持つ身だから、自分の気に入らない人間や反対派を反腐敗で追いやって、萎縮《いしゅく》させたということなんですよね。けれども習近平は一時、中央国家安全委員会主席とか中央外事工作領導小組組長など十個くらい、自分自身で小さなものの長ばかりを兼ねたじゃないですか。たくさんの長になって権力を掌握した、と解説する日本のマスコミもありましたが、逆に言えば、責任者のクビを切れなくて全部自分に責任が来るのにな、と私なんかは見ていて思ったんですけど。鄧小平の場合は何の肩書きがなくても実力者でした。それなのに、と思ったんですが、宮崎さんは、習近平はやはり、われわれが思うよりけっこう上手だったという評価ですか？

宮崎　いえいえ、まだ権力闘争の結論が出てません。胡錦濤の深謀の掌《てのひら》の上で踊らされているだけかもしれません。

宮脇　まだわからない。ただいまのところうまくいっていると。

宮崎　確かに二つの見方が成り立つんですよね。というのは、上海株暴落以降、経済政策の失態、失敗は明らかなんだけど、李克強から実権を奪ったために経済失速の責任を取らせられないんですよ。自分で経済委員会のすべてのチェアマンを握っちゃったんだから。

宮脇　そうなんですよ、だから誰のせいにもできない。

宮崎　中国経済の低迷と失速の責任は習近平に帰結することになり、逆効果というか、本当の思惑とは反対の結末に彼は陥ってしまった。

宮脇　私から見ると、汚職でずいぶん反対派を切っているけれど、切るということは敵を増やすということだし、それから要するに手足で動いてくれるのが、いま言った王岐山と兪正声しかなく、孤軍奮闘みたいに見えます。ところで、軍はそこそこ味方につけてますか？

宮崎　いや、ほとんどいません。つまりあの軍事委員会というのはね、第十八回党大会の十日前に突然、胡錦濤が決めていった。いままでとまったくやり方が違うでしょう。従来は党大会が終わってから、軍の人事に着手していたわけで、したがって、習近平は自分の手練《てだ》れが軍中央委員会のなかにほとんどいない。かろうじて太子党で誰がいるかって言うと、張又俠《ちょうゆうきょう》と張海陽《ちょうかいよう》くらい。

宮脇　でも、入れ替えたでしょう？　軍隊の長官を何人か、自分で。

宮崎　いや、軍事委員会の十人は変わっていない。

宮脇　ああ、なるほど、いちばん上は触れてない。

宮崎　手を付けていない。ただね、この軍事委員会の事務局スタッフ（中央弁事処）の副官クラスを入れ替えた。部隊の人事も直属の上司ではなく、軍事委員会主席の習近平が選択権を持ってるから。

宮脇　上を監視するためにこっちを入れ替えた。

宮崎　そう。実際の中枢の事務局を入れ替え、各局の長をかなり習近平好みに入れ替えた。とくに北京中枢を守る「習近平親衛隊四人組」ね。これは『日本が在日米軍を買収し第七艦隊を吸収合併する日』（二〇一五年、ビジネス社）にも書いたことだけど、一月に三十九集団軍長だった藩良時《はんりょうじ》を「北京衛生区」司令にし、六十五軍参謀長をへて、少将になった劉《りゅう》振立《しんりつ》を保定三十八軍軍長に。そして総括する北京軍区司令は宋普選《そうふせん》、これらの管区の武装人民警察トップは、総参謀部副部長から南京軍区司令だった王建平《おうけんぺい》。そして中南海の警備司令は王寧《おうねい》。いずれも習近平自らが選定した人事です。

換言すると軍のトップには手を付けず、そのすぐ下の幹部と近衛部隊を入れ替えた。城攻めで言えば内堀を埋めたわけ。だから軍権はまだ握ってないけれど、いろいろ交代させたりしている。

たとえば、軍事委副主任の范長龍《はんちょうりゅう》。彼を五月のプーチンの赤の広場の軍事パレードに連れて行ったんです。いままで范長龍は団派だとばかり思ってたら、いつの間にやら一本釣りされたんじゃないかという観測もあります。それで習訪米の地ならしで事前の訪米軍事視察団も彼がトップで行っているし、インドにも行っています。けっこう軍のなかでいちばん目立つ役目を引き受けている。それからもう一人副主席の許其亮《きょきりょう》。これが空軍出身だから、どちらかというとイデオロギー的には何もない、ニュートラルですよ。いまはこの二人をお互いに張りあわせているのかな、という感じです。

いずれにしてもね、軍を完全には掌握しきっていないけれども、下の部分のところを入れ替えて、軍を監視するという体制にしちゃった。そしてそのうえで徐才厚《じょさいこう》と郭伯雄《かくはくゆう》を失脚させて、軍からほぼ江沢民派を一掃した。だからいま第一段階と見ていいんじゃないですか。第二段階はやっぱり次の党大会まで待って、軍事委員会を入れ替える、いうところまで行くとみてます。

「教科書問題」の裏にあった鄧小平 vs. 軍の暗闘

宮脇　しかし、「言うは易《やす》く行《おこな》うは難《かた》し」な道じゃないですか。鄧小平でさえそんなにうまく行きませんでしたから。中国のなかで、軍というのはやっぱりいちばんの実力者でしょう。

宮崎　鄧小平の場合は中越《ちゅうえつ》戦争をやって軍を動かしたから。政敵の部隊を戦場の最前線に送って葬ったというやり方も、毛沢東が朝鮮戦争で政敵の部隊を最前線へ送ったノウハウに学んでいます。というより、これは古今東西同じで、戊辰《ぼしん》戦争にしたって、官軍に寝返った諸藩を最先頭に立たせました。もう一つは、実際に軍を動かしたという能力です。

宮脇　でも軍の政治的影響力を抑えるため、中央軍事委員会を党から切り離し、国家の中央軍事委員会に変えようとして鄧小平は失敗しました。ちょうど教科書問題が起こり日本たたきが始まったときでしたけれども、じつは日中の教科書問題の背景には中国のそうした内政問題があったのです。

つまり、鄧小平の後継者である胡耀邦《こようほう》には軍歴がないので、鄧小平亡きあと党軍事委員会の頭をおさえて人民解放軍を掌握していけそうもない。それで鄧小平は、中央軍事委員会を国家に移管して国家中央軍事委員会に改編しようとしたのです。そうすれば、軍は国務院総理の命令をきくことになります。

ところがもちろん軍は猛烈に抵抗し、高級軍人の権力をそごうとした鄧小平・胡耀邦・趙紫陽《ちょうしよう》体制を窮地に追い込むために、人民解放軍の長老が「人民日報」などを陰から操り、日本の教科書が「侵略」を「進出」と書き替えたと外交問題となるよう焚《た》き付けたのです（『岡田英弘著作集5　現代中国の見方』二〇一四年、藤原書店）。

それまで日本と良好な関係だった鄧小平はどんどん追い詰められていき、結局軍の改革を断念せざるをえず、中央軍事委員会を党の最高機関として温存することを認めました。そのとたんに教科書問題は中国メディアから消え、ぱたっと終わったのです。

ところが、共産党の権力闘争を知らないバカな日本人が、教科書検閲だの、近隣諸国条項だのと中国に配慮したため、中国は対日関係でも利益をえて、一石二鳥か三鳥になったというお粗末な話です。あれは「指桑罵槐《しそうばかい》」といって目的の相手でないところを攻撃する典型で教科書問題が利用されたわけです。

サラリーマン化した人民解放軍

宮崎　鄧小平時代の軍というのは、じっさいに朝鮮戦争を戦った軍人がいたし、胡錦濤《こきんとう》のときも張万年《ちょうまんねん》など、中越戦争を戦った人もいたけれど、いまの軍には実戦を体験した軍人がいない。そこで軍人の体質において鄧小平のころとは相当の違いが出てきているんです。いわば、サラリーマン軍人ですよ。

宮脇　ただ、いまの軍区も結局それぞれの軍区、七軍区のなかで人事が動いていて、上だけが移動する。そんなことはないですか?

宮崎　いや、あの軍区、軍司令があって下に政治委員がいて、それから副指令があって、それからなんとか部隊、なんとか部隊、部隊長、そこにまた政治委員がくっついて、要するに政治委員はお目付け役ですから、党からの指令がないと一歩も動かない。したがって、国軍なんかには成り得るわけがない。鄧小平が言ってたのは国軍ということではなくて、

「四つの近代化（中国語では現代化）」という、「工業の近代化」「農業の近代化」「軍（国防）の近代化」「科学技術の近代化」の一環として、軍の効率化をはかった。

もうちょっと言えば、鄧小平の老獪《ろうかい》なやり方は、自分は隠れていて、四人組（文化大革命を主導した江青《こうせい》、張春橋《ちょうしゅんきょう》、姚文元《ようぶんげん》、王洪文《おうこうぶん》の四人）を退治するときには華国鋒《かこくほう》を非常にうまくおだてて使い、四人組を退治したあとは華国鋒をハイサヨウナラ、と蹴飛《けと》ばしてヒラの中央委員に追いやる、というくらいの芸当ができたわけです。

いまは時代が変わってそこまでできる人が果たしているのか。つまり血みどろの権力闘争というのは相手を殺すんですよ、政治の本質はゲバルトですからね。いまの中国ではなかなかそういうところまで行かない。憎き政敵だって死刑にできない時代です。

宮脇　相手に死刑を宣告すると自分のほうにも弱みができますからね。

宮崎　そこのところはサラリーマン化した軍人とかつての戦争経験のある軍人たちとの違いがあって、逆に言うと、そのため軍の人事も習近平からすれば、思うほどうまく行かないのじゃないかな。一気に軍の派閥を覆したりすることができないんですよ。いままでの中国の権力闘争というのは、だいたいこんなパターンじゃないですか。

宮脇　日本に較べたら、本当に弱肉強食というか、生で権力闘争をする国ですからね。敵をひっくり返すために、まず仲間を集めて立ち上がるけれども、いったん権力を取ってしまうとその仲間が邪魔になるという。

宮崎　そうそう。

宮脇　同じ列の横並びの人は全部邪魔なんです。もっとも確かに、林彪《りんぴょう》とかのころとは時代が違うんですね。日本も平和ボケしていますが、中国人も変わった。

大失敗だった抗日戦勝利軍事パレード

宮崎　二〇一五年九月三日の軍事パレードで「抗日戦争勝利七十周年反ファシズム記念軍事パレード」と言っているでしょう。嘘のかたまりだよね。共産党が日本と戦った例《ためし》はないし、自分たちこそがファシストなのに。

宮脇　八十九歳になった江沢民と前主席の胡錦濤もパレードに参加していましたよね。その直前に開かれた八月の北戴河《ほくたいが》会議に江沢民は欠席したので、失脚の噂《うわさ》まで流れていたのですが、もっとも目立つパレードで復活してみせた。習近平の反腐敗キャンペーンの最大のターゲットの上海閥のトップですよ。

宮崎　病気欠席が予測された李鵬《りほう》も出席していましたね。天安門の雛壇《ひなだん》に並んだ顔ぶれを精密にチェックした結果、次のことが映像から判明しました。

習近平の隣は左手がプーチン、朴槿恵《パククネ》、潘基文《パンギムン》、ナゼルバエフ（カザフスタン大統領）、ほかにカリモフ（ウズベキスタン）大統領。それからエジプトのシシ大統領、その列の後方に李克強首相が影薄く立っている。ややおいて賓客席に連戦《れんせん》（台湾の国民党名誉主席）夫妻。

問題は右手で、江沢民、胡錦濤がならび、続いて張徳江、兪正声、劉雲山、王岐山、張高麗と現職の常務委員全員が出席、そして歴代首相の朱鎔基《しゅようき》、李鵬、温家宝《おんかほう》。後方に九十六歳の宋平《そうへい》がいる。宋平は周恩来の秘書役で、若き日の胡錦濤を発掘したうえ、朱鎔基を周囲の反対を押し切って首相の座につけた、珍しく清廉潔白の政治家です。

さらに前政権の常務委員だった曾慶紅《そけいこう》、賈慶林《かけいりん》、呉官正《ごかんせい》、賀国強《がこくきょう》、李瑞環《りずいかん》……、このなかに汚職の追及が激しく、拘束説まであった曾慶紅、賀国強がいたことは意味深長ですね。

そして驚いたことになんと習近平の母親、斉心《さいしん》が壇上にいた！

香港紙「明報」（九月三日付け）は、こうして全指導者を集めての軍事パレードとは、換言すると「習近平の軍権掌握ならびに指導者として揺るぎない地位を確保したことを意味するセレモニーとなった」と分析しました。「まさに習近平時代が到来したことを明確に告げる式典だった」と。私はそんなふうな楽観的分析はとてもできませんが。

宮脇　私も宮崎さんと同意見です。日本のマスコミのなかにも、江沢民もついに習近平の軍門に下った、なんて書いたものもありましたが、私は違うと思います。江沢民に中央に並ばれたということは、習近平の反腐敗キャンペーンがそれほど功を奏していないということを中国国内に示したも同然ですよね。中国人なら誰でも、宮崎さんのように、雛壇に誰が並んで誰がいなかったかを分析することによって、政治情勢を読み解くわけですから。ところで、中国のテレビ放送は江沢民をわざと映さなかったという話を読みました。

宮崎　おそらく長老たちの勢揃いこそ、中国共産党がいちばん見せたかった演出でしょう。血みどろの権力闘争は、いったん休戦状態となり党は一枚岩である、という宣伝効果が得られるからです。

また、「強い中国」を演出することにより、習政権がスローガンとする「中国夢」の実現と習近平が軍を掌握したということを内外に示したかったわけですが、しかし実態はと言えば反対の様相が強いと私は分析しています。だいいち軍事パレードで、閲兵するときに習近平は左手で敬礼したでしょ。これには世界の軍人たちもビックリした。それほど緊張していたのです。

軍を掌握したと誇張できる背景は稀薄《きはく》だと思う理由を以下に述べると、第一に西側が総スカンを示した。日本ばかりか欧米英にくわえてスリランカ、ケニアなどが欠席し、またＡＩＩＢに参加を表明した五十七カ国のうち、三十カ国の代表しか出席しなかったことが挙げられます。外交的には失敗でした。

第二に「抗日戦争勝利」というスローガンのインチキが世界に知れ渡ったこと。抗日戦争を戦った主体は国民党であり、中国共産党には「勝利」をいう合法性がないと米国の「ニューヨークタイムズ」までもが厳しく批判し、台湾でも一部政治家や老兵の参加に激しい非難の声が巻き起こりました。したがって習近平の演説では、この部分を曖昧《あいまい》にぼかして表現せざるをえませんでしたね。

第三に初公開の兵器が八五％、そのすべてが国産と自慢する中国の武器システムですが、米国東海岸へ届くというDF31A、DF5のパレードが行われても、おそらく展示用の囮《おとり》ミサイルか、サンプル（中身は空砲）であり、「張り子の虎」ぶりは変わりません。北京五輪のときの口パク少女を思い出せばよいでしょう。

第四に習近平の「強い中国」の自己演出は、かえって周辺諸国に脅威をあたえ、これからの中国の進出プロジェクトへの不信感はますます増大すると予想されることです。上海株式暴落、人民元切り下げ、天津大爆発など一連の不祥事が折り重なって中国のイメージ悪化が避けられないという皮肉な結果となりました。

それとこれは蛇足ですが、日本から駆けつけた村山富市元首相は猛暑にダウンして北京の病院に緊急入院、式典に参加できなかった。

宮脇　なんか、ざまあみろですよね。私などは、人間悪いことはできないものだとほっとしましたが、村山さんが反日式典に参加して日本人に嫌われたほうがよかったと書いている人もいましたね。

ところで、宮崎先生の分析はいつも正しいから、いろいろ聞いてほっとしました。習近平の演説は、ＤＨＣシアターの討論番組「やらまいか」で取り上げるために、頼まれて私もチェックしましたが。

「七十年前の今日、中国人民は十四年間にわたる艱難《かんなん》辛苦の争闘を経て、中国人民抗日戦争における偉大なる勝利を収め、世界反ファシズム戦争の完全な勝利を宣言しました」という箇所は、七十年前に中華人民共和国はないので、「中国人民」という言葉で逃げていますし。「抗日戦争に参加した全国の元戦士、老同志、愛国人士と抗日将校の皆様に対し、また……国内外の中華子女（中国人民）に対し、崇高なる敬意を表したいと思います！」では、中華民国という国号を出すわけにはいかないから、国外の中華子女と言い換えています。苦しいですね。

習近平vs.アメリカ

宮崎　外交的失敗といえばとくにアメリカです。習近平は九月二十三日から二十八日まで訪米しました。九月二十五日にホワイトハウスでオバマ大統領と懇談をはさんで各種歓迎行事に出席しましたが、習近平が希望した議会での演説は米側がやんわりと「拒否」しました。

安倍首相訪米は大歓迎され、議会での演説は議員が総立ちとなって拍手したことはまだ記憶に新しい。対照的に習近平を待ち受ける米国の空気は冷たい。まるで氷のように議会、ホワイトハウス、マスコミが凍てついていました。

「国賓待遇をやめろ」、「訪米そのものをキャンセルせよ」、「ハッカーを止めない中国に制裁を！」という声まで出ていますが、巷《ちまた》のナショナリストが叫んでいるのではなく、れっきとした大統領候補です。それが堂々と中国批判を繰り返しているんですから。たとえば、共和党の大統領候補として名乗りを上げているドナルド・トランプは「人民元切り下げはドル体制を脅かすものであり、習近平訪米の国賓待遇をとりやめろ」と演説しました（八月二十四日）。

同党のスコット・ウォーカーはもっと過激で「訪米そのものを中止させよ」と叫び、「市場の混乱はすべて中国に責任がある」と獅子吼《ししく》しました。

米国内で中国を褒めているのは前世界銀行総裁のロバート・ゼーリックくらいですが、かれは「米中関係はステーク・ホルダーだ」と言いだし、ブレジンスキーとともにG２関係と持ち上げた親中派です。

宮脇　アメリカにもいろんな立場の人間がいますが、中国にお金がなくなったら縁切りではないですか。中国が嘘ばっかり言うということにアメリカ人もようやく気づいてくれたとしたら、本当によかったと思います。

宮崎　米世論がこれだけ怒っている理由は、先にも述べたように、軍事パレードで、米国東海岸に届くDF31Aのほか、通称「空母キラー」、「グアムキラー」と呼ばれるミサイルが多数ならんだことです。

「この軍事パレードは『反日』『抗日』ではない。明らかに米国を攻撃するミサイルの展示であり、米国を敵視している」というのが米国の率直な感想です。

次にアラスカの米国領海に中国軍艦五隻が航行したことです。しかも北京の軍事パレードとタイミングを合わせていたことは、米国の反中国感情に正面から火を付ける結果となった。中国が言っている「平和」「覇権を求めない」なんて嘘じゃないか。米国は控えてきた南シナ海への軍艦派遣もありうると反応しました。

また、上海株暴落に連鎖したかたちで、ウォール街の株価暴落に、老人年金、自治体年金が悲惨なほどの被害を被り、アメリカ人個人投資家がむくれていることが、世論のバックにあります。しかも上海暴落を中国メディアは「米国が悪い」とすり替えたことにも米人投資家らは怒りを覚えた。

最後に主要マスコミも、ハッカー攻撃に苛立《いらだ》ち、これまでの中国重視をすっかり変節して、中国非難の合唱に加わり始めた。米国マスコミは、今年にはいってからも中国で起きた自由民権派弁護士の大量逮捕など、米国の政治原則を揺るがす人権弾圧を強く糾弾し、同時に中国のしかけているハッカー攻撃に強い怒りを表してきた。なにしろ「ニューヨークタイムズ」も、「ウォールストリートジャーナル」も編集部が中国のハッカー攻撃をうけましたから。

九月七日付け「ニューヨークタイムズ」の五面に「習主席訪米大歓迎、熱烈歓迎」という異色の広告が出ましたが、これは中国の出版社が出した『習近平時代』という六百ページもの新刊書の広告で、どうみても中国がお家芸の対米世論工作であり、政治宣伝工作の一環でしょう。中文と英語版が同時発売というのも、何やら政治工作の匂いが強い。

宮脇　だって、中国のすることで政治工作でないことって何かありましたか（笑）。言ったことに責任を取ったり、心からの誠意を示したことなんて記憶にありませんもの。

日本の対中貿易依存度は予想以上に低い

宮崎　ここに興味深いデータがあります。対中国輸出の国別ランキング（表1参照）ですが、米国の対中国依存度は埒《らち》外の七％台であり、重視する必要性がなくなっています。巨額を投資してきた米国の投資銀行も中国の提携銀行や証券会社への出資をとうに引き上げまし

表1　対中国輸出依存度ランク（産経新聞より作成）

1	モンゴル	90.0%	12	イラン	26.8%
2	北朝鮮	76.0%	13	韓国	26.1%
3	コンゴ	53.8%	14	ラオス	25.1%
4	アンゴラ	44.7%	15	チリ	24.9%
5	コンゴ共和国	43.0%	16	ミャンマー	24.5%
6	オマーン	38.2%	17	カザフスタン	22.7%
7	豪州	36.1%	18	ニュージーランド	20.8%
8	南アフリカ	32.0%	19	イラク	19.7%
9	スーダン	31.5%	20	ブラジル	19.0%
10	イエーメン	29.4%	21	日本	18.1%
11	台湾	27.1%	22	キューバ	15.2%

た。

　これを見ると、北京の軍事パレードに親日国であるはずのモンゴルが参加した理由も、よくわかる。中国がお得意様という資源国が上位十傑に並んでいます。続いて工業中進国と資源国が続き、あれほど中国依存が高いと言われた日本は二十一位でしかないことも歴然とします。

宮脇　私みたいに経済には疎い人間でも、日本にとって中国が必要なのではなくて、逆に中国が日本を必要としているんだということは前から知っていましたよ。それなのに日本人はどうして中国をそれほど重要視してきたのでしょうね。中国人は口がうまいからまるめこまれていたのですかね、それとも脛に傷持つ身で弱みを握られていたのですかね。

　こんな状況のいまになっても、まだ中国の肩を持つマスコミも多くあってバカかと思います。最近は賢い経済人は中国と縁を切ろうとしているからよかったと思いますけど。モンゴル人は中国人が嫌いだけど、これまでだってずっと、生き延びるためには嫌なことでもがまんしてきたのだから、これからも全方位外交をして、中国の崩壊に巻き込まれないように生き延びていってほしいですね。

新華社「天皇謝罪せよ」の裏側で起きていること

宮崎　二〇一五年八月二十五日の新華社《しんかしゃ》でしたかね。「天皇が謝罪してない、謝れ」という報道がありました。

宮脇　新華社通信は「昭和天皇は中国への侵略戦争と太平洋戦争の発動を指揮した侵略戦争の張本人だ」としたうえで、「昭和天皇は亡くなるまで日本が侵略した被害国と国民に謝罪を表明したことはなかった。その皇位継承者は、謝罪で氷解を、ざんげで信頼を手に入れなければならない」と主張したようです（「読売新聞」二〇一五年八月二十八日）。

私はこの天皇謝罪要求発言が出たところで、ああ、中国でものすごい権力闘争が始まった、というふうに思いました。菅官房長官も「天皇陛下に対する礼を著しく失しており、これまで表明されてきている中国側の立場とも相いれないものだ。改善基調にある日中関係にも水を差しかねず、まったく好ましくない」と直ちに強く批判したし、外務省も外交ルートを通じ、二十七日に中国側に抗議したからいいですけど。日本が民主党政権じゃなくて本当に良かったと思う一方で、今回の天皇批判は、これまでの中国の支配者・指導層が、日本にしてきたこと全部にケチをつけたのだと私はとらえました。

宮崎　どういう意味になりますか？

宮脇　つまり、いまの指導層に対する批判発言だと思います。先の教科書問題に戻りますけど、「指桑罵槐」で、鄧小平を直接非難できないから日本を非難したのと同じで、習近平政権に対する批判が国内でおさえきれず、海を越えて天皇陛下まで飛んだって感じがする……日本を占領したアメリカさえしなかった、日本国民を心底怒らす地雷を踏んだわけだから、やったほうも短慮ですが、重大な外交問題です。

宮崎　うん、飛び方もすごいよ。

宮脇　習近平でさえ天皇陛下にだけはぺこぺこしたし。だから習近平批判じゃないですか。

宮崎　江沢民が天皇陛下に拝謁したときに、写真撮るときだけはふんぞり返ったけれども、あとはどうもぺこぺこしてたらしいんですよね。習近平もそうでしょう。

宮脇　うん、だって習近平すごい喜んで。天皇陛下に会いたかったわけでしょう。

宮崎　ただ、中国国内で配信させた写真は習近平が傲然《ごうぜん》とそびえたってる写真しか使わせてないんです。それは皇帝様が日本の王に会ってやったっていう図式……。

宮脇　でも王に会いに行ったわけだからさ……。

宮崎　矛盾してるんだけど、そこには矛盾は矛盾と考えない中国人の特性がある。なにしろ中国人の感受性には「恥ずかしい」という概念が希薄です。

宮脇　羞恥心《しゅうち》もなければ論理もない。それにしても、これまでの共産党政権のしてきたことと、正反対の違うほうへ行ったってこと自体が、もう何かのサインですよね。

宮崎　安倍首相の戦後七十年談話のときには中国は、そんなに激しく抗議していないんですよ。「朝日新聞」のほうがすごかった。

宮脇　今回、安倍談話に抗議しないで、天皇陛下にいきなり行ったことも……。

宮崎　それは安倍首相が、八月の二十四日だったかな。軍事パレードに行かないって言って、その後ですよね。だから視野狭窄《しやきょうさく》で考えると中国はメンツをつぶされた。で、天皇の攻撃を始めた。しかしね、そんなことで天皇攻撃をされたら日本はどういうリアクションをするか、読めるはずなんだから、もしそれだけのためにやったんなら、ものすごい浅知恵。

宮脇　そうじゃないと思います。

宮崎　もっと深い違う意味があるかもしれません、とんでもないことが国内で起きていて、これを民衆に見せないためにまた対外矛盾を使って……。

宮脇　言わせた。けれども、その新聞にも書いてあったように、その記事は二十六日付け中国紙「光明日報《こうみょうにっぽう》」一紙に掲載されただけで、中国共産党機関紙「人民日報《じんみんにっぽう》」などは掲載していない。アドバルーン的に一個だけやってみたのでは、とかいう書き方を日本の新聞はしてましたけど。中国は一枚岩じゃないと思うので、やっぱり路線の違いの嫌がらせではないですか。ライバルの中国人に対して嫌がらせをするときに必ず外国を使うわけですから。

いつも主人の岡田英弘とそういう話をするのですが、中国政府のやっていることがわかるのはずっと先だったり、わからずじまいのこともあるから、いま簡単にわかることじゃないよと言っておりました。

習王朝崩壊の末期症状

宮崎　先にも述べたように、習近平は軍権はまだ完全に掌握はしていない。もう一つは中央宣伝部を完全には掌握していないんです。いままで彼がやっているのは、人民日報、新華社、そのほかのトップを、つまらない記事を書くと入れ替えて言論統制を計ろうとしているわけでしょう。もう一つは令計劃《れいけいかく》が、失脚したとたんにわかったのが、彼がもう一つ握っていたのはテレビ局利権というか、非常に乱れていた話で、テレビ局の美人キャスターというのはみんな幹部と何《ナニ》をしないとテレビに出られないという相関図があるんだね。

その利権の総元締めがどうも令計劃であったと。なぜなら令計劃は主要幹部の電話した先まで掌握し、それぞれの愛人の名前や住処まで知っていた。電話交換手と励んで、体力も使いながら（笑）、情報を摑《つか》んでいた。

そのうえで、中央宣伝部も入れ替え、それで新華社とかもいま入れ替えているんだけど、人民日報系の編集長を更迭して、ずっと一年ぐらい続いてるんですよ。中央宣伝部の方面の人事がね。だからまだドロドロして決着がついてないから、その過程で発生したのかなと思われる。

宮脇　だから習近平に対する攻撃ですよ。だってこれまでしてきたことを全部おじゃんにされるわけでしょう。最近は中国さすがにもう落ち目だし、本当に中国を嫌いな日本人がどんどん増えてるけど、これって韓国大統領の李明博《イミョンバク》と同じで、決定打ですよ、ほんとに。朝日だってもの言えなくなる。日本の親中派は総崩れです。

宮崎　「朝日新聞」は読んでいないから知らないけど、「テレビ朝日」みていたらあのテレビ局ですら、いきり立ってんだよね。

宮脇　私も読んでませんけど、天皇陛下はたぶん中国にとっても最後の牙城《がじょう》です。しかも天安門事件のあとで日本の天皇陛下にお願いして来てもらって、そのおかげで持ち直したんじゃないの？　恩知らずっていうか、日本人は普通に怒りますよ。李明博のあれで韓国はガタガタになったんですからね。

宮崎　天皇訪中があって初めて、西側が天安門事件以降に中国に課してきた経済制裁を解いて、それから経済的になんとか回復したというのにね。

宮脇　なんという恩知らず。あのアメリカでさえ天皇陛下に遠慮したのに。彼らの権力闘争が激化して、とうとう虎の尾を踏んだ、地雷を踏んだ。

宮崎　九三％の日本人が中国は嫌いだと、どんな世論調査をやっても出ている。この数字に中国人は驚いていた。今度は九五％ぐらいになるんじゃない。

宮脇　九九％まで行くかもしれませんね。生易しくないですよ。そんなことをしたっていうことはもう、中国は本当に末期症状ですね。それも抑えられないのかっていうか、本当に何をしているのかわかっているのかしらって思います。

第六章　経済大崩壊の末路

なんでもあり経済の延命政策

宮崎　中国高度成長というのは莫大な投資でもっていたのが実態です。金は中国人民銀行がじゃんじゃん人民元を刷ってくれる。地方政府は融資平台《ゆうしへいだい》（資金調達とデベロッパーの機能を兼ね備えた投資会社。シャドーバンキングの役割を任う）をつくって、バンバンお金を借りて、不動産・インフラ投資で好景気にした。鉄鋼、セメント、建築機材、コマツのブルドーザー、すべての需要があり現場労働者の賃金もはね上がった。問題なのはその金は返さなければいけないっていうことを知らないこと（笑）。ここは見事なもんですね。今年四百兆円ぐらい償還が来るのかな。来年は六百兆円ぐらい償還が来る。明らかに返せない。どうするんですかね。

宮脇　また借りようと思ってるんですよね、別のところからね。自転車操業でね。

宮崎　それがアジアインフラ投資銀行ＡＩＩＢであり、ＢＲＩＣＳ銀行です。あれ、余った鋼材と失業の輸出ですからね。

ＡＩＩＢは表向き五十を超える国が参加を表明してはいても、結局は国内在庫一掃と中国の勢力圏の拡大をねらっているにすぎません。それにもかかわらず、日本も参加すべきとする日本の一部のマスコミや評論家、政治家がいます。そんなことを言って中国の肩を持とうとするのは確信犯でなければ、よほど頭がどうかしている連中でしょう。私が見るところ問題点は大きく三つ。この間そのこと指摘した原稿を「別冊宝島」に書きましたので、ちょっと読みますね。

まず（ＡＩＩＢの）資本金ですが、当初予定の五百億ドル（約六兆円）から一千億ドル（約十二兆円）へ引き上げることで合意したと報じられていますが、中国側が言っているだけで、その金がいったいどこから出てくるのか誰もわかっていない。

二つ目は信用。誤解している人も多いですが、資本金そのものは使うことができません。ＡＩＩＢは、資本金を信用にボンド（債権）を発行してお金を集める。つまり、起債して借りるわけです。

しかし、肝心の日米二カ国が不参加となり、ＡＩＩＢの格付けは大きく下がることになり、信用が低い分だけ金利を高く付けないと資金が集まりません。おそらくこのままだと、ひょっとしたら五％から五・五％程度まで上げないと世界の投資家は動かない。貸出利率が二・五％の利率で新興国に貸し付けるとすれば、完全な逆ザヤ。どうやっても大赤字になるだけです。では、どうすれば低い利率で金を集められるのかといえば、世界の投資家に絶大な信用がある日本に参加してもらうしかない。つまりカードは日本が握っているのです。

三つ目は、そもそも中国に外貨がないこと。外貨準備高は約四兆ドル（二〇一四年）とされていますが、実際は腐敗幹部が海外に持ち出すなどしてほとんど残っていないといわれています。実際、ここ一年で中国は海外から四千億ドルから五千億ドルほども借金しています。金がないという証拠なのに、借りまくっている国がよそへ貸すのもおかしな話です。

外貨が底をついたもう一つの理由は、海外プロジェクトに使いすぎたということ。四百五十億ドルをベネズエラ一国につぎ込んでいますし、豪州やカナダ、アフリカの鉱山開発にも莫大な投資をしています。南アジアのシーレーン戦略で各国の港湾開発に金をばらまいています。

この「無謀」というより「発狂的」ともいえる海外投資が、事実上は不良債権化していると国際金融市場は見ています。米国は正確な数字も把握しているでしょうし、その情報は日本政府とも共有しているでしょう。

こうしたなかで日米は不参加という共同歩調をとっているわけで、「日本外交の完全敗北」とまで言って参加を煽《あお》っている政治家は何を根拠に言っているのか、私には不思議です。

（「中国・韓国の歴史認識　大嘘の起源」）

宮脇　でも結局、その中国の使った莫大なお金のおかげで、リーマンショックから世界中が助かったわけですよね。

宮崎　アメリカがおだてたようなものです。それは四兆元も財政出動をすれば、新幹線、ハイウェイ、架橋、トンネル、ニュータウン、工業特区、エコシティの建設と、まるで土建国家の如く、GDPの四八％が投資だった。そして中国がバブルの極北まで走って、ついにこの三年間ね。つまりもう金返せない、どうしたらいい。それでシャドーバンキングをつくる。シャドーバンキングの金が足りなくなった。次どうしたかっていうと、今度は理財商品をつくった。それでも足りなくなって、去年（二〇一四年十月）から株を上げたんですよ。

宮脇　一般の中国人を騙そうとしてね。

宮崎　わずか一年間で上海株式を二・五倍上げた。得た金を国営企業は回転資金にして、今日まで持ってきたんですね。で、いよいよ、上海株が破裂して、次の手がないでしょう。アジアインフラ投資銀行でやろうと思ったんだけど、発足するのは年末ですからね。

宮脇　しかも中途半端に人民元を切り下げた。

宮崎　人民元を小手調べのように切り下げてみたが、世界の通貨市場に動揺を与えて、中途半端なまま、輸出増大に直結していない。思い切って三〇％切り下げなきゃだめですよ。一九九三年に、朱鎔基《しゅようき》のとき三〇％切り下げてるからやれないことはないんだけど、あの九三年当時から見れば、いまの中国の経済は二十倍の規模に膨らんでるからね。世界的な影響力を持っている。九三年とは状況が違うので、いきなり切り下げることはさすがにできないでしょう。ニクソンショックみたいなことを世界に向かってやるわけですから。

宮脇　それやったってうまくいくでしょうか。そのときは逃れられるけど……。

宮崎　また二年くらい持つんです。それでも。

宮脇　二年か。

宮崎　究極的にはもう無理でしょう。人民元高は原油・ガス・鉄鉱石などの原材料の輸入には有利でも、すでに生産の低迷と在庫の積み上げで、あまり意味がない。かといって中途半端な人民元切り下げはインフレをまねく可能性が高い。

しかし、何よりいまもっとも懸念されていることは、外国資本のエクソダスであり、中国から大量の資金が加速度をつけて逃げ去っていることでしょう。トルコのアンカラで開催されたG20は、中国から周小川《しゅうしょうせん》人民銀行総裁と楼継偉《ろうけいい》財政部長が参加しましたが、二人とも飯を食う暇もないほど、G20の他の国からつるしあげを喰った。いっせいに中国の金融危機を悟ってのことでした。

嘘に嘘の上塗り「世界一の外貨準備高」は空っぽ

宮崎　私がこれまでたびたび指摘してきた「世界一」の外貨準備高を誇る中国の化けの皮がいよいよ剝《は》がれました。

かねてより、CIA筋の調査で中国から流れ出した外貨は三兆八〇〇〇億ドルとされてきましたが、二〇一五年六月末の中国の外貨準備が三兆六五〇〇億ドルだから、差し引きすると、中国の外貨準備の中身は、五七〇〇億ドルしかないことになる。

これは単純な引き算で、実際はもっと複雑な要素がからみますが、要するに中国は嘘に嘘を重ねて膨らませてきた結果、何が本当なのか中国自身、わからない状態になっている。これを言い換えたのがつまり「新常態《ニューノーマル》」（笑）。

少し長くなりますが具体的に解説します。

第一に、もっとも重要な外貨準備指標は「経常収支」ですが、この数字を見ると、中国の二〇一五年三月までの一年間の統計は二一四八億ドル。ところが外貨準備は同期間に二六三二億ドル減少している。膨大な外貨が流失しているから、こういう数字の齟齬《そご》がおこるのでしょう。

そこで嘘の上塗り、つまり架空の数字をつくりかえ、粉飾のうえに粉飾を行う。

そもそも「GDP世界第二位」というのが真っ赤な嘘。GDPのなかで、「投資」が締める割合が四八％、こういうことはどう考えてもありえない。日米と比較するとわかりやすいのです。米国のGDPの六五％は消費、日本も五〇％以上です。しかし中国のGDPに占める消費の割合は三五％です。中国のGDPの構造は異様なのです。

シルクロード構想は財源が四五〇億ドル、ベネズエラに投資した額は四五〇億ドル前後、アンゴラへの海底油田への投資は焦げ付いたという情報があり、リビアでは百本のプロジェクトが灰燼《かいじん》に帰した。また、豪、カナダ、ニュージーランドなどでは鉄鉱石鉱区を買収し、開発していましたが、鉄鋼不況に遭遇し、開発を中断した。このあおりで豪ドル、カナダドル、NZドルが下落しました。

それなのに、中国の二〇一三年末の海外直接投資残高は六六〇五億ドルだったが、一五年三月には九八五八億ドルと急激な増加が見られる。

二〇一五年三月末の対外債務残高は直接投資が二兆七五一五億ドル、証券が九六七六億ドル。合計三兆七一九一億ドル。

先に述べたように中国の外貨準備が三兆六五〇〇億ドルとすれば、差し引きは、マイナス六九一億ドル。

この実態がごまかせたのは、中国への外国からの直接投資と証券投資だった。それが、上海株式暴落と人民元切り下げ、不動産バブル壊滅を目撃して、いっせいに海外へ引き揚げを始めたわけです。

「外貨準備高」というのは貿易ならびに貿易外収支を合算しての対外経常収支の黒字の累積のことですから、日本の外貨準備は二〇一五年七月末で一兆二七〇〇億ドル、このほとんどが米国債で保有しているため、金利収入で着実に増え続ける。

ところが中国の「外貨準備」と称するものの統計は、外貨資産と海外からの借り入れを「短期外貨資産」に参入しているフシが濃厚。つまり、お得意のごまかし、要するに借入金を「収入」欄に記載している。

日本の対外純資産に対しての外貨準備高比率は一六％で、中国のそれは五九％（数字はいずれも武者陵司《むしゃりょうじ》氏「ＪＢプレス」九月二日）。つまり史上空前のネズミ講のからくりが、数字から推測できるのです。

宮脇　中国が「ＧＤＰ世界第二位」になったって、いろんなところではやし立てられましたよね。二十一世紀は中国の時代だとか、日本の地位が落ちたとか、何より単純な多数の中国人がおだてに乗って大国意識ばかり強くなって増長して、世界中に嫌われることになった。それが全部嘘だったとなると、何て言っていいかわからない。詐欺もそこまで大きくなると、みんなそんなに簡単に騙されるんだ、とあきれます。

私は歴史家で経済に責任がないから、これから人類が経験したことのない、とんでもないものを見られるんだ、なんてちょっと思うのですけど。以前にも日本の若い前途ある高級官僚から、「宮脇さん、事が起こるのを面白がってるでしょ」と非難がましく言われましたが、そうでも考えないと鬱《うつ》になっちゃう。

香港財界を揺るがした大事件、李嘉誠の脱出

宮崎　外貨だけでなく、中国の大財閥まで逃げ出している。大連《だいれん》を根城とする「万達集団」

は中国一の富豪・王健林《おうけんりん》が率いていますが、彼は国内の不動産プロジェクトを激減させ、替わりにディズニーランドのようなリゾート建設を、また米国の映画館チェーンを買収した。つまり投資先が海外に向かっているのです。香港の李嘉誠《りかせい》がそうでしょう。これじつは大ニュースなのです。

李嘉誠は江沢民にくっついて、その前に陳希同《ちんきどう》にくっついてた。陳希同は江沢民の最大の敵でね。天から政権が降ってきた江沢民を頭からバカにしてね、横向いてたんですよね。その陳希同が香港の李嘉誠なんかと組んで、王府井《ワンフーチン》開発をやって、そのときのスキャンダルをねらって、江沢民が陳希同を失脚させるわけ。そのときに李嘉誠は江沢民に寝返って、ずうっと江沢民と親しかったんです、この十数年。それで彼が大陸に進出して、ショッピングアーケードとかいろんなものつくってみんなうまくいって、一等地を払い下げてもらって、それだけ蜜月だったんだけれども、前回の香港の行政長官の選挙のときに団派がテコ入れして、江沢民派の曾蔭権《ドナルド・ツァン》をひっくりかえしたでしょう。それでいまの梁振英《りょうしんえい》を持ってきたら李嘉誠が、これはヤバいと。それで大陸に持ってたほとんどのビルを売り払った。まず香港に財産を集中させて次に和記《ハチソン》グループと長江実業、この二つを合併して、なおかつバミューダに本社を移すんですよ。

以前からロンドンの高級住宅地開発などに投資をしてきましたが、華僑世界より西側世界への投資比率が急増し、「ウォールストリートジャーナル」などによれば、過去十八カ月で二兆四千億円を投じて西側での事業展開に比重を移していたことがわかった。だから大陸から逃げたばかりではなくて、香港からも逃げるんだね。

宮脇　そういう、大財閥でこれまでトップに喰い込んでうまく立ち回ってきた中国人が、中国の変化にいちばんアンテナを張っている人だから、そういうのを見てすぐに状況判断しないとだめですよね。

宮崎　これ香港財界を揺るがした大事件なんですよね。その前にモデルが一つあるでしょう。香港上海銀行（HSBC）ですよ。あれが香港返還決まったとたんに逃げる態勢に入って、まず何をしたかといったら、上場先と本社登記をシンガポールに移した。シンガポールに移したんだけど活動は香港でやっているから、次にミッドランド銀行を買収してロンドンを本店にしちゃった。ロンドンの本店の香港現地法人という形にして、それが上海とかいろんなところに、中国各地にも現地法人はあるけれど、イギリスの利権にしたんです。それで守られたわけでしょう。あの身の振り方っていうのはやっぱりユダヤ系の生き延びる知恵なんじゃないの？

宮脇　それにしても、つくづく思うんですけど、宮崎さんもそうですが、三十年前から中国経済の崩壊は言われていたのに、本当によく頑張ってますよね。前からわかってたことなのに、よくもまあここまで持ちこたえたというのは、ある意味すごいですよね、中国。

宮崎　ペテン師の塊だからやってのける。

宮脇　いやもう、四十年前から主人も同じこと言ってる。一例を挙げると、一九八三年に日本文化会議で行った講演が「日米が振り回される中国の外交政策――『実を捨てて名をとる』中国人たち――」という題名で『岡田英弘著作集5　現代中国の見方』に再録されていますが、ちょっと紹介します。

中国人はそれほど先のことを考える人たちではない、中国人の基本的な生活の智恵は、明日のことはわからない、ということである。……中華人民共和国の成立以来、中国ではずっと五カ年計画が続いているが、そのうち整然とした計画があったのは、第一次五カ年計画だけで、第二次以降はいっさい計画がなく、あったのは、達成努力目標だけだった。……したがって、われわれが中国を計画経済の社会主義国家だと考えるのも、たいへんな過大評価である。極端なことを言えば、中国人は何年か先に国家が破滅すると思っていても、目の前の利益を奪い合うのではなかろうか。

（三三三～三三四頁）

もう一つ、一九九八年にエグゼクティブ・アカデミーで行った講演ではこう述べています。

中国経済の先行きは暗澹《あんたん》としていて、すでにエネルギーも食料も自給できない状態に落ち込んでいる。……私は、中国はいよいよ崩壊する時期が近づいていると思うのだが、そうしたときに日本はどのような態度を取ればいいのか。さすがに、私にも妙案はない。……中国というのは、本当に怪物なのだ。ふつうの国ではないのである。「二十一世紀は中国の世紀だ」とヘンリー・キッシンジャーが言っているが、とんでもない戯言《ざれごと》で、そんなことはあり得ない。（同前、三八頁）

主人は一九七二年の「日中国交正常化」時にすでに、いまの日中関係を予測していますけど、当時は誰も耳を貸しませんでした。中国人の嘘やはったりがあんまり上手だったから。

宮崎　悪知恵を寄せ集める力だけはあるよ。

宮脇　延命工作のすごさったら、並大抵じゃなくて。

宮崎　頤和園《いわえん》の隣、延命（円明）園っていうんです（笑）。

宮脇　（笑）なんかこれにて終了って感じですね。

資本主義でいちばん大切なものがない中国の急所

宮脇　借りたものを収入として手帳につけるような幹部と、まったく働かない部下と、アホな軍部との間で、と宮崎さんは書いてらしたけど、ずっとそれが続いてるわけですよね。その高級幹部のいちばん上にいる奴らが、経済法則がわかっていない。上海株の対応を見ていても愚策の連続で、どんどん信用を失ってますよね。九月にトルコで開催されたG20では周小川中国人民銀行総裁が、中国の株式市場は「バブルがはじけたような動きがあった」と三度繰り返した（「日経新聞」九月五日）と、日本のマスコミも書いています。

宮崎　つまり、株価など金融は信用が重要だということがまったくわかっていない。商取引は信用という目にみえないもののうえで成立しています。それを客観的に計測するとすれば、資本金、経営者の質、新製品開発への取り組み、従業員への待遇と意欲、これらが企業情報として高い透明性を保っていることなどの総体として信用が生まれます。信用がなければ、経済の効率が悪い。マーケットをいかに西側と合わせて巨大なマーケットにしたくてもできないのはそこでしょう。

宮脇　中国は昔からそうです。

宮崎　株なんていったって、企業に対する信頼がないんだから。資本主義でいちばん大事なのは信頼ですよ。

宮脇　そうです。

宮崎　だから、結局キャッシュ取引しか信用しない。香港でもいまでもそうですよね。取引条件はCOD、キャッシュ・オン・デリバリーだよね。あれは華僑《かきょう》世界は、世界中そうですよ。カネ以外信用してないから。

モンゴル時代は不換紙幣を発行し為替取引をしていた

宮脇　そういう意味において、現代中国はモンゴルにはるかに劣っています。十三世紀のモンゴル帝国時代は東西貿易がひじょうに盛んになりました。当時は二キロ銀が世界共通の通貨でしたが、実際にそれを運ぶのではなく、手紙なども使って為替取引をしていました。元朝《げんちょう》は世界で最初に不換紙幣を発行した国です。

もともと金《きん》と南宋《なんそう》に分かれていた時代、金の領土には銅山がなかったんです。それで銅銭がつくれないので、為替を発明しました。それをモンゴル人が継承したわけですが、一般的な紙幣の他に「塩引《えんいん》」という、さらに高額の紙幣も使いました。いまの浙江省《せっこうしょう》あたりの海岸の塩を五十錠（百キロ銀）分も引き替えることができる「塩引」が、シルクロード沿いのカラホトで発見されました。中央アジアのカラホトで、沿海の塩と引き替えられるはずはないので、同じ価値を持つものとならなんでも交換できる高額紙幣として流通していたことがはっきりわかるのです。

つまり、元朝は信用のある社会だったということです。紙が信用できた。フビライの不換紙幣がインフレーションを起こしたという悪い評価もありますが、それは最末期にそうなっただけです。元朝の最末期、白蓮教《びゃくれんきょう》徒の乱つまり紅巾《こうきん》の乱などが起こって、どっとインフレになるだけで、それまでの長い間不換紙幣がきちんと流通していました。物資がものすごくたくさん出まわったので、銅も足りないし、銀も足りなかったんですよ。だからイル・ハーン国があったペルシアと元朝の間でも、そういう信用取引が成り立っていた。モンゴルの家来になったイスラム教徒のおかげですけどね。それに比べていまの中国は退化したわけですよ。

二〇一五年四月二十三日、反腐敗闘争の陣頭指揮を取っている習近平の側近の王岐山《おうきざん》が、北京の中南海に、米プリンストン大学の政治経済学者のフランシス・フクヤマ、在米比較経済学者の青木昌彦、中信証券国際董事長の徳地立人を招いたとき、いきなり日本の歴史学者・岡田英弘の学問について長々と語った、ということで、ちょっと評判になりました。「王岐山説的岡田英弘是誰?」という記事も中国のネットに出たのですが、王岐山は、岡田英弘の『世界史の誕生』の台湾版を読んだらしく、モンゴルから世界史が始まり資本主義が始まったという言説を気に入って岡田を激賞したようです。もっと裏があるのかないのか、興味あるところですが、いまの中国はモンゴルにはるかに劣ると言わなければなりません。

宮崎　中国人はいまでも自分の国の通貨＝人民元を信用してないですよ。ただし、このところ価値が異様に高いから利用しているだけで。中国の巷間《こうかん》では、人民元をすぐに外貨に換えるか、でなければ金塊や高い時計、骨董《こっとう》品を爆買いしています。カラオケに行って人民元を出すと「外貨で支払ってくれると有り難い」と言いますね。

するると、中国当局は九月より海外旅行の持ち出し外貨交換を一人千ドルに制限し始めました。そして十月には買い物決済手段の中軸を担う「銀連カード」の外貨使用上限を年間十万元（百八十万円）から五万元（九十万円）に唐突に縮小しました。これで買い物限度額が半分となったわけです。さっそく私も銀座に行きましたが、そのとき十月初旬で中国は国慶節連休だったため、中国人観光客は多かったものの、一時の爆買いの様相からはほど遠いものでした。爆買いツアーは、ほどなく終わると思いますね。

百年前から変わらない腐敗経済の末路

宮脇　清の時代の幣制改革を調べると、ほんとにいまと同じです。幣制の統一をしようとした張之洞《ちょうしどう》はなぜ失敗したか。「万朝報《よろずちょうほう》」に、「支那幣制改革」という記事があって、これを読むと百年前から中国がまったく変わっていないことがよくわかります。

宮崎　ちょっとそのへん簡単に説明してもらえませんか。

宮脇　「万朝報」の大正七年（一九一八）の記事ですが、「支那大陸に全国一定の流通貨幣ができないのは、果たしてなぜか」。

幣制改革は支那の宿題で有る。明治三十六年（一九〇三）を以て改訂したる日清通商条約の第六条に曰く、清国政府は成るべく速やかに自ら進んで全国一定の貨幣制度を創設し、全国一定の流通貨幣を設備すべきことを約す。右流通通貨は清国内において、日清両国民均しく法貨として自由に一切の租税賦課及び其の他の債務の弁済に使用することを得べし。

ところが、というんですよね。結局ぜんぜんうまくいかないじゃないか。

光緒二十九年（一九〇三）の上諭以来、文章の美しい上諭ばかりがいくつも発布せられたが、しかしながら実際には何も行われなかった。「英米独仏から一億円借り、日本から一千万円借りたのも、其の名義は幣制改革と云うので有ったが、それが外の面に流れて、幣制改革は出来なかった」。他のことに流れてしまった。果たして、なぜか。

第一に、支那にはこの幣制改革を真面目に行わんと欲する誠意ある人物がいない。袁世凱もこれを唱えて金を借り出さんとしたが、彼の目的は金にありて、幣制改革にはなかった。近く梁啓超《りょうけいちょう》氏の如きも、財政総長として幣制借款に腐心したが、これ幣制改革そのものよりも、金その物が欲しかったので有る。幣制改革を行うには準備の金貨がいるが、外国がこの話を進めて金を与えると、それが大部分は当路の大官の懐中を肥やし、あるいは外の方面に消費されて決して幣制改革に用いられない。

いまとまったく同じです。それからまだ面白いところがあります。

第二に、これを実行するには莫大な金がいる。流通貨幣は八億を要する。一人二円として人口四億だから八億の兌換券《だかんけん》がいると見なくてはならない。日本では今日でさえ七、八億の兌換券を出している。人口七千万の日本で八億いるとすると、支那は少なくとも十億いる。

しかし「日本がもし支那を助けてこの幣制改革を行わしめるとすれば、三、四億の金を与えなくてはならないが、かりにこれを与えるとしたところで、受け取る方に誠意がなくて金がその手に入るやいなや、遊蕩児《ゆうとうじ》のごとくこれを濫費《らんぴ》するのでは、その大業の成功する見込みはない道理である」。

第三に、外国銀行は口では幣制統一を賛成しているが、その心では反対である。(横浜)正金《しょうきん》銀行でも香港上海銀行でも、それぞれ支那において紙幣を発行して莫大な利益を収めているから、彼らの利害から考えて、幣制統一の出来ない方を望んでいるのだ。

第四に、各省の大官が、それぞれ別に紙幣を発行していた方が、各自の利益があるから、表面はなんと云うても其心に幣制の統一を希望しない。

第五に、幣制改革に着手した時に、いかにして其の贋金《にせがね》を防止するか、支那人の贋金づくりは世界に卓越しているが、警察は乱れていてこれを取り締まる力がない。日本が率先してこの大陸の幣制改革をやるなら、その前にまず警察権を受け取ってからにしなくてはならない。

宮崎 いまもまったく同じじゃない。

宮脇 ほんとに、同じですよね。それで最後に「単に幣制統一に熱心なるところから、日本の金貨本位制を定めた経験のみを恃《たの》んで、ウカと支那の幣制顧問を引き受けようものなら、その結果は、憲法顧問にして憲法を作らざる有賀長雄氏、鉄道顧問にして一里の鉄道も作らざる平井晴二郎氏と同じく、ただ高い俸給を得て北京の黄塵万丈《こうじんばんじょう》の中に、空しく歳月を送るの人となるであろう。支那の幣制統一は決して学者が机上で考える程、容易に行われるものではない」。面白いなあ（笑）。

宮崎　辛亥《しんがい》革命以降、この法定通貨というのは、常に互いに敵の偽物通貨をつくる。法定通貨を、そこを治めてる人民がまったく信用しない。で、蔣介石がやったことは何かって言ったら、法定通貨を出して、収奪した金を翌日全部ドルに換えてアメリカに送った。

宮脇　そうですよ。全部自分のポケットに入れた。

宮崎　アメリカに蔣介石が送った金だけでも三六〇億ドルかな。当時の金でね。いままったく同じことをしている。

宮脇　同じことしてますよね。

宮崎　いま四兆ドルの外貨準備のうち、三兆八〇〇億ドルはアメリカに行っちゃった。基本的におんなじことやっている。

宮脇　ぜんぜん同じですよ。「万朝報」の記事が何年前って百年前ですよ。

宮崎　さっきも言ったけど、庶民はじつは法定通貨を信用していないでしょう。いちばんの理由は偽札。中国は海賊版の天才の国だから。そりゃあ人民元の偽札なんてすぐつくる。だから百元札がいちばん大きいけど、日本円に直せば二千円。一万円札や百ドル札なんてないんですよ。つくったら偽物ができるから。結局のところ、庶民は人民元を信用していないから、人民元が強いうちに日本に来て爆買いする、不動産を買う。アメリカでもオーストラリアでも。外国に行けない庶民は何をしてるかというと金《きん》を買う。信用がない国の末路です。

第七章　いやでも中国人と戦う時代

最新海外事例——中国人移民対立の三重構造

宮崎　最後のこの章では、結局中国人って何なのということと、彼らと日本はこれからどうやって付き合っていけばいいのかを論じたいと思います。

ゴーマン中国の裏技の読み方が大事です。

まずバンクーバーでのチャイナタウンの実情から話したい。完全に三重構造になっちゃってる。バンクーバーの旧市街のほぼ中心地が昔のチャイナタウン。これは苦力《クーリー》貿易で連れていかれて残留した連中が一応成功してつくった。ところがもうさびれちゃって、シャッター通りになって、まわりみんな浮浪者とごろつきとチンピラと、昼間でもちょっと危ないくらいですよ。夜は完全に危ない。ここの商人たちは夜シャッターを下ろして、各自郊外の自宅に帰る。

そこに、香港からホンコニーズがどっと来たでしょう。この人たちが飛行場の周囲にニュータウンをつくり、オールドチャイナタウンとニュータウンが対立している。

そこへ次の問題。近年、大陸から金持ちが来た。これが対岸の高級住宅地に住み始めた。いま完全に対立の三重構造。世界中が中国人移民だらけだけど、シドニーもそうで、四百五十万都市のうち五十万人ぐらいが中国人だからね。

宮脇　中国人同士が仲が悪いから問題なんですよね。出身地やそれこそ幇《パン》によって、ものすごい抗争をしてますから。

宮崎　日本はそうじゃないけれども、中国人はいまだに地縁血縁でしょう。だから世界中どこに行ったって、まず、血族。次に同じ郷土の出身。みんな出身地で区分けされている。シンガポールのチャイナタウンも、福建省《ふっけんしょう》の金門《きんもん》の人なら金門だけで一つのストリートがある。寧波《ニンポー》人だけのストリートがある。路地によって全部違う。

ニューヨークがそうでしょう。ウォールストリートから二つ北のカナルストリート。それが中国人の店で道にあふれるようになって、増殖して一本北にあるイタリア街を全部飲み込んだ。リトルイタリアなんていまないんですよ。あれみんなチャイナタウンになった。

それからブロードウェイを挟んだソーホー地区という倉庫街があった。ここもほぼ中国人に乗っ取られた。この通りは、みんな広東人《カントン》。それで広東以外から来た人たちはどこに行ったかというと、ラガーディアの飛行場のそばにニューチャイナタウンをつくった。それだけでいま人口三十万人ぐらいいます。するとこれも世界中そうなんだけれど、今度はコリアンタウンがチャイナタウンにへばりついてできる。必ずそうです。だからニューヨークも御多分にもれず、ラガーディアのチャイナタウンのまわりにべたっと引っ付いてコリアンタウンがある。

一方の日本人はみんなバラバラ。ジャパニーズタウンはない。ロスにあったリトルトーキョーなんて、いまや完全にコリアンに乗っ取られちゃった。日本人はそれぞればらばらに住んでいて、団結することがあんまりないでしょう。慰安婦像の建設で、いやな反日運動が中国人、韓国人によって自治体の決議にまで拡がったとき、初めてジャパニーズが米国や豪州で団結しはじめたのです。

アイデンティティを喪失した移民たち

宮脇　宮崎さんがおっしゃった、バンクーバーにもともとあった、古い時代の苦力の子孫が郊外に住む地域は、ただ家があるだけで、チャイナタウンじゃないんですよね。

宮崎　移民も三世、四世になると完全にカナダ人、アメリカ人だから。

宮脇　けれども、結局さびれた街の中心で細々と店を持っていたりするんですよね。

宮崎　そう、老人が。若い人はもうそんなことしない。大学出て弁護士や歯医者になる。なぜか中国の移民は歯医者が多いね。それからとにかく法律関係とか、ＭＢＡ取って企業幹部になるとか。

宮脇　一応出世したわけです。日本人のようにね。日本人のような生活になってるわけですね。

宮崎　この人たちはもう完全にコスモポリタンになっている。

宮脇　チャイニーズという感じではない。

宮崎　面白いことにね、広東省の広州からバスで二時間ぐらいのところに開平《かいへい》という苦力の出身地がある。最初に苦力で故郷に錦を飾った人たちが、ここに派手な洋館を建てている。世界遺産になるような。

宮脇　写真を見たことあります。

宮崎　それがいまじゃ子孫が誰も帰ってこなくて、広大な洋館そのものもすっかり観光地になっている。たまに四世、五世が帰ってきても、何の興味もないのね。言葉もしゃべれない。英語でしゃべって、「うちのご先祖こんなところにいたの、はあ」、それでおしまい。もうさっさと帰っちゃう。だからそれぐらいオーバーシーチャイニーズっていうのは根なし草になっちゃった。アジアにいる華僑とは違うんですよ。

宮脇　アメリカ西海岸に行くと、チャイニーズとジャパニーズとコリアンは、三世ぐらいになるともはや見分けがつきません。顔もそっくりで、同じような程度にアメリカンになっていますよね。みんな英語をしゃべってるから、どっちかわからないって感じです。

宮崎　そういうジャパニーズアメリカンっていうのは、日本語しゃべれないでしょう。

宮脇　そうなんです。中国人、朝鮮人、韓国人と日本人が、アメリカで三世ぐらいになると母国語がなくなる。

宮崎　つまりアイデンティティがないんだ。

宮脇　そう、文化的なアイデンティティがなくなる。顔だけがアジア系で。

宮崎　あんたのアイデンティティは何だというと、アメリカだと。

宮脇　そうですね。そうすると見分けがつかないですよ。いいことか悪いことかわからないですけれど。じゃあチャイニーズもそうなんですね。そうなるんですね。

日本チャイナタウンの実態

宮崎　そこでまた問題が出てくる。もう五年ぐらい。どうっと大陸からクイッパグレが裏から、不法移民で流入したでしょう。これは日本が典型だけれどもね。世界中到るところそうですよ。この人たちはまた固まって暮らす。そして入って来た相手国の言葉がまったくできない。チャイニーズコミュニティのなかで中国語の新聞は出ている、中国の食材はある、支那飯屋がある、餃子もある、そのなかで暮らせるんだよね。何もしなくても。そこで皿洗いやったり工場で奴隷のように働きながら、結局、ニューチャイナタウンでもシステム自体はまったく変わっていない。

宮脇　その新しい移民たちは、出身によって固まっていませんか？

宮崎　もちろん出身地別。たとえばイタリアのプラートっていう古都でグッチとか何かをつくっている街に、じわりじわり入ってきて工場乗っ取って、いまや中国人だけで五万人ぐらいいて、地元の学校に行ったら半分以上が中国人だという。そういう状態になっちゃったんだけど、ここは工場ごとに同じ出身地、同じ村とか、工場ごとに違う。とくに温州人が多いです。浙江省温州《せっこうしょうおんしゅう》は「中国のユダヤ」と呼ばれています。

宮脇　日本でもレストランごとに出自の村が違います。そうでないと信用ができないですから。若い女の子たちが一定期間ウェートレスをして稼いで、花嫁修業をして故郷に帰ったら、次に姪とか妹とかが来る。その人間関係があるから安心して使える。そうでない奴は何するかわからないという世界です。

宮崎　中国の料理屋というのはコック長の世界でしょう。コック長が弟子連れてきて、コック長とオーナーが喧嘩《けんか》すると、コック長は全員連れてどっかへ行っちゃうから、翌日から休店なんですよ。それで次のを引っ張ってこなきゃいけない。それで次のコック長もまた自分の手下しか連れてこないから、それが横浜中華街。いまも伝統が残っているんじゃないですか?

宮脇　でもオーナーは半分くらい日本人になった人たち。

宮崎　半分もね。

宮脇　横浜中華街に外国人を連れて行ったら、「どこに中華街あるの」って。こんなきれいな中華街は世界中にないと言います。

宮崎　神田のチャイナタウンは周恩来《しゅうおんらい》留学のピークのときの街でしょう。結局日本に残った中国人留学生は他に何もないから、支那飯屋やるしかなかった。だから神田、いまも百二軒ありますよ。中国レストランだけで。しかもだいたい上海《シャンハイ》系。だから上海料理でおいしいものを食べようと思ったら、漢陽楼《かんようろう》とか、冷やしラーメンの発祥の地の上海飯店とかあのへん行かなきゃいけない、っていうことになっちゃった。新移民、とくに旧満洲出身の中国人が形成する池袋のチャイナタウンとは違う。

宮脇　なかでもすごくもめたり喧嘩したりするでしょうね。

宮崎　池袋のチャイナタウンの主体は東北三省ですよ。それも大久保は吉林省《きつりん》、朝鮮系だから。

宮崎　大久保なんかの料理屋に行くと、中国語しゃべってるなと思ったら朝鮮語しゃべってる。あなた何人だって聞いたら「中国人です」。（中国の）どこって聞いたら吉林省の延《えん》辺《ぺん》。

宮脇　延辺朝鮮族自治州《えんぺんちょうせんぞくじちしゅう》。

宮崎　それが多く住んでる。池袋は料理屋ごとに、だいたい、ハルビンなど黒龍江《こくりゅうこう》省が多いですね。明らかに残留孤児の関係です。それから遼寧《りょうねい》省。一軒ごとに、うちは遼寧ナントカ料理、うちはハルビン料理ってだいたい決まってる。オーバーシーチャイニーズはともかくとして、中国人のパターンだよね。結局中国人は欲張り。食に非常に貪欲《どんよく》。そして出身地ごとに固まる習性がある。

日本人と中国人では「嘘」も桁違いに違う

宮脇　中国人はとても頭が良くて政治が上手でお互いに抗争して、本当に一生かけて生き残るために謀略する人たちだけれども、それに頭を使いすぎて、国としても民族としてもぜんぜん成功の人生じゃないですよね。

宮崎　要するに、嘘つきは肝心なことが見えないでしょう。本来嘘っていうのは、頭のいい人しかつけない。記憶力が抜群でないと自分がどういう嘘を言ったかわからなくなって辻褄《つじつま》が合わなくなる。それを中国人は生まれてから死ぬまで、起きてから寝るまでずっと嘘をついている。そうだとすると頭がいいんですよ。

宮脇　でも、彼らは整合性を気にしないから辻褄が合わなくたって平気なんですよ。結局その場しのぎにすぎなくて嘘に嘘を重ねる。

宮崎　日本人は「あの人は嘘つき」と言われたら人格が劣るような、そういうような恥の意識があるけれども、中国人には羞恥心がない。ロシア人にはそれがある。

宮脇　だいたい永遠の嘘は無理ですからね。

宮崎　嘘がばれても「じゃあその話はおいといて」って次へ行くんだ（笑）。

宮脇　日本人は、嘘をつくとまた真面目に辻褄を合わせようとして、新しくどんどん嘘をついて、ついに止められなくなって破綻《はたん》する。

宮崎　アメリカ人だって嘘をつくんだけど、彼らは自分の弱みをみせないために、自己を守るためにそうする。たとえば風邪をひいてても「私は病気で寝る、休む」とは言わないでしょう。必ず〝I'm fine.（なんともない）〟って言うんですよ。要するに競争に乗り遅れたら困るという意識からそうさせるという嘘ですが、中国人の場合は日常がもう嘘で塗り固められているから、どれが本当でどれが嘘かという区別さえつかない。だから粉ミルクに石灰入れたり、肉まんに段ボール入れたりってことが平気でできるんですよ。あれも日ごろの嘘の延長で、日常のパターンに出るんだよね。仕方がない（笑）。

宮脇　自分が食べなきゃいいと思っているわけですよ。よその人のことは知らないっていう。全員がそうだから他人を信用しない。誰も信用できないから、さっき言ったように全部自分で考えないといけない。全部自分で考えて決断しないといけない人生だから、日本人よりも一見頭がよさそうに見えるわけですよ。嘘をつく瞬間は、やっぱり頭を使ってますよ。日本人はとにかくポヤーッとした人がいっぱいいるから。けれども全員が誰も信用しないと、ものすごく効率の悪い社会になるわけですよ。

中国人は人民元よりも日本製を信用

宮崎　中国人はいまでも自分の国の通貨である人民元を信用してないから、日本に来て骨董品やロ－レックスを買う。いつか、人民元は紙クズに化けるという潜在的な恐怖心がそうさせるのです。

宮脇　日本の骨董品がすごく高く売れるという話を聞きましたね。日本に一度来た骨董品は信用ができる、と。中国だけでやりとりしている物はどうも信用ができない。だから日本人が明治時代から持っていたとなるとすごく高くなるんですね。

宮崎　中国人が日本のデパートで買い物をするのはなぜかというと、日本のデパートはまさか偽物は売らないでしょう。中国はデパートでも偽物売りますからね。平気で。資生堂は必ず対面販売しかしないでしょう。小売チェーンに流さない。

宮脇　実際に私も聞きましたけど、日本からのお土産に資生堂の化粧品をすごく喜ぶのは、中国にも資生堂はあるけれども、中国で売っている商品をぜんぜん信用しないからだって。

宮崎　ミネラルウォーターにしても、最近こそ良くなったけれども、衛生観念がないから、工場でつくったミネラルウォーターと河の水とを比較したら、ミネラルウォーターのほうが汚れていた。

それでいま、嘘の話から発展しますけど、そのわりに風呂敷を広げるのが大好きですね、中国人見てたらね。あれも秦《しん》の始皇帝《しこうてい》以来だ。とにかくできないことをバンバカ言って、隣がこれぐらい拡げたら隣はもっと拡げるじゃない。その隣がもっと拡げる。

中国人の大風呂敷は漢字のせい

宮脇　孫文《そんぶん》が「孫大炮（大砲のようにドンと音だけ大きくぶっ放すだけで、何もしない。孫文のおおぼらふき)」と革命仲間に呼ばれたように、言うことに何ら責任を感じない、大言壮語であればあるほどライバルに勝てる、というより、平気で嘘がつける面の皮の厚い人間だけが成功する、という社会は、「白髪三千丈《はくはつさんぜんじょう》」のように古くからあり、根が深いと思います。

中国人がどうして大風呂敷を拡げる文化があるかというと、漢字のせいだと岡田英弘は言っています。漢字は、秦の始皇帝の時代に字体も発音も統一されましたが、話し言葉がまったく違う異種族の共通語となるために、それぞれの話し言葉とは無関係な音で発音されることになったので、漢字は「言葉」とは言えないというのです(『岡田英弘著作集4 シナ(チャイナ)とは何か』、『同5 現代中国の見方』)。科挙の出題範囲になったので生き残った儒教の教典「四書五経」の文句は、実際の生活には何の関係もないので、漢字で表現したとたんに、自分の気持ち(自覚があるとするなら)とは無関係になるから、言うことにいっさい責任を感じないのではないでしょうか。だから中国人は史実とか真実に興味がないのです。

私が専門に研究しているモンゴルとか満洲《まんしゅう》など北の種族は純朴なんですよ。自分たちの話し言葉が共通だし、それを表現する文字も持っていましたから、日本人と同じで、あまり嘘をつかない。本当に真面目です。だからいまは、モンゴル人はシナ人に嘘ばっかりつかれてひどい目にあったから、信用してませんけど。彼らの間では大風呂敷はそんなに拡げないし、嘘もつかないですよね。

宮崎　誠実なんですね。

宮脇　わりと。だからなんで中国の南のほうの人たちがそんななのか。しかも同じようなアジア人でも、日本人は嘘をつかない。「嘘つきは泥棒の始まり」って昔は子供に教えたじゃないですか。

宮崎　まあ嘘をつく人が少ない。

宮脇　日本が嘘つきが少ないのは、私もいろいろ考えたんですけど、みんな顔見知りの社会で、一族に迷惑をかけたくないという気持ちが強いからじゃないでしょうか。農民でも武士でも、何代も何十代も前から、お前の爺さん知ってるぞ、ご先祖さんから知り合いだ、そういう人間関係が多いので、嘘をついたら世間に記憶されて末代まで残ってあとでマイナスになる。一度やったことは一生言われかねない。結局得にならないからしないんじゃないかと、日本はね。

宮崎　日本の場合、もう一つ言えることは、行政のシステムが隅々までしっかりしてる、とくに税務署、それから保健所。税金のごまかしができない。中国は税金のごまかし放題で、まず二重帳簿どころか三重帳簿が常識でしょう。日本は二重帳簿は脱税行為で犯罪なんだから、つかまっちゃうんだ。ホリエモンは確か、二重帳簿が原因じゃない。

中国はそういう意味では税務署に出す書類と、銀行に出すのと自分のがすべて違う。そういうのが平気なんですよね。それでそれは税務と銀行とはシステムが違うから、相互の連絡がないから可能で。

宮脇　中国の組織は縦割りもいいところだから。日本でも税金は自己申告だけど、金持ちに見せようとしてすごく大きく申告するといっぱい税金を取られて何の得にもならない。どっちに転んでも日本は嘘をつくと面倒くさいから、本当のことを言っているほうが楽な人生だと思うのでしょう。

宮崎　所得の高い人は税率が高いのが当たり前だという共同体意識がある。日本以外の国というのはその意識が薄いから、利益はもう稼げるだけ。なるべく税金の低いところへ行こう、と。それはまた自然の流れですよ。

宮脇　それはもう、アメリカ人も中国人も、国家意識がないんですよ。どこが国民国家かと思いますよね。平等はないわ、法もないわ、国民は国に守られてもいないし。国民国家なんてよく言うわ。だから言ってみれば、そういう社会は、大きな嘘をつけばつくほど偉くなれるんじゃないですかね。

宮崎　本当に巨大な嘘をついて天下を取るんだから。

宮脇　そうか、それで始皇帝からどうだったのかって、宮崎さんがお聞きになったのね。

始皇帝は嘘つきじゃなかったですよ。

宮崎　孫文は嘘つきだった。

宮脇　そうなんです。漢《かん》の武帝《ぶてい》は大言壮語でも、実行が伴っていた。拡げた風呂敷と実行が一緒だったら、嘘つきにはならないですよね。大きなことはいいことだって。

宮崎　明《みん》あたりまでの中国人とそれ以降、とくに現代の中国人っていうのは、まったく違うんじゃないの？

宮脇　もともと漢字で書いてあるものは変えようがないから、時代が下ると事実とどんどん乖離《かいり》していくわけです。だから漢字で書いてあることが本当のことでなくても、書いたものを優先させる。韓国もひどいですけどね、儒教というのがだいたい現実は見ない観念論ですから。だけども時代を追うにしたがって声明することと実行することの乖離が大きくなっていく面はあると思います。もうそれを一緒にするのは不可能だから、努力する気もなくなったところから居直る。

宮崎　日本では朱子学《しゅしがく》という体制の御用学問を批判した陽明学《ようめいがく》を重んじて、知行合一《ちぎょうごういつ》。言うこととやることと同じであればあるほど仁徳が高い。

宮脇　しかも日本の武士は、行動だけでなく書も読める文武両道を要求され、だから尊敬されましたものね。

日本でしか通じない悪しき中国像

宮崎　中国にはそういう発想はないでしょう。陽明学というのは中国では殺人の哲学だから、「知行合一」も確かに陽明学の原典にあるんだけれど、それは関係ない。日本で陽明学のそこだけを美徳として、引用して、江戸中期から陽明学が流行りだすんだけど。中国と日本とで陽明学の解釈がまったく違いますよ。

宮脇　日本人は中国人の儒教についての認識も勘違いしていて、彼らからすれば教科書を丸暗記しているにすぎないのを、聖人君子の言葉として有り難く受け取っている。科挙官僚が発する孔子の理想と社会の実態はまったく乖離しているということがわからない。

宮崎　「論語」だって、日本に普及しているのは四分の一だけでしょう。全訳出ているけれども、日本人が褒めてる孔子様は、全体の四分の一ですよ、あとはみんな儀式、音楽、葬式、そのあたりは日本ではネグレクトされている。都合のいいところだけ。

宮脇　だから日本人は孫文にも騙《だま》された。

宮崎　宮崎三兄弟は自らの財産を売って、最後は浪曲師かなんかになる。糊口《ここう》をしのいでね。いちばん先に孫文は嘘ばかりっていうのを見抜いたのが内田良平ですよ。さっと縁を切った。頭山満《とうやまみつる》は結局、最後になって、裏切られたというのが結論だったらしい。

宮脇　気がつくまで長かったですよね。

宮崎　気がつくのが遅かった。あのころの大陸浪人っていうのは何か壮大なロマン主義を描いて、そこが孫文像とちょうど輻輳《ふくそう》したんだろうね。で、孫文に賭《か》けたと。そういう側面があると思いますよ。

宮脇　そして、いまだに騙されているのが日本の東洋史学者。ただ孫文と同類、同族の支那人は誰も彼に騙されていないんです。

宮崎　だから中華民国がときどき、政治のプロパガンダの一環として「梅屋庄吉《うめやしょうきち》と孫文展」とかをやる。

日本企業は中国事業の失敗を後世に継承せよ

宮崎　ただ、そういう嘘つきが中国人の体質であるという事実が日本人にもだんだんわかってきた。今度は逆に皮肉なことに、日中国交回復約四十年後、とくにこの二十年くらい日本の企業が中国へ進出し、次々と騙されて、本当に骨身に染みたんですよ。

宮脇　良かったです。でも、そもそも戦前からそうだったのに、それが少しも継承されなかったことのほうが問題ですよね。

宮崎　日本人の悪い癖っていうのは、失敗を水に流して、継承しない。失敗を伝えない。

宮脇　やっぱり恥だと思ってる。

宮崎　それが欠点だと思います。だからいつまでたっても同じ失敗を繰り返すわけです。

宮脇　それから、べらべらしゃべるのは悪いことだって、「沈黙は金」なんて言うからいけない。正しいことはもっと大声で言って共有財産にしないといけない。失敗を含め、経験を教訓にして引き継がなければならない。

宮崎　それともう一つ不思議なことは、中国での失敗例を書いた本がほとんどないでしょう。需要はあると思うんだけどね、なぜないかっていうと、しゃべらないから、誰も。

宮脇　そうなんですよ。満洲から引き揚げてきた人たち、あるいはシベリアに抑留された人も、やはりしゃべらなかった。嫌なことは言わない、辛い思いや嫌な目は「俺一人で十分」みたいな美徳があって、戦後の日本人がまた同じことを繰り返している。日本人はどうしても他人の悪口は言いたくないんです。

宮崎　日本企業一万三二五六社（帝国データバンク調べ、一五年五月現在）ぐらい中国に行っていて、相当額、レートで直しておそらく一千億ドルぐらい投じているわけでしょう。トヨタも本田も日産も大工場をつくって、ＪＦＥスチールも高炉技術を出して、川崎造船から何から大進出して、これも昔の満洲投資と似ている。

満洲建国のころも、ＧＤＰのある年の四三％ぐらい持ち出して。そのうえに西原借款で金貸して、全部戻ってこなかった。設備はすべてを向こうに取られる。その二の舞をまたやるんじゃないかという危惧《きぐ》がある。

宮脇　私もそう思いますよ。だって、天皇陛下に対する発言というのは、危険なサインですよ。日本人が殺された一九三七年の通州事件《つうしゅうじけん》を思い起こすと、一九一九年の五・四運動で中国にナショナリズムが芽生えて、それまでのできごとはすべて日本人が悪いんだ、と教えられた結果があの事件ですから。いまだって、反日教育のせいで、中国人は過去のことは日本が全部悪いと思っているんだから。私は日本人の生命の危機もあると思います。これでもし、中国で権力闘争が激化したら、反日教育を受けてきた愛国無罪の中国人が日本たたきに向かう下地はできているんですから。

日本は早急にスパイ防止法を成立させよ

宮崎　そういえば最近、「邦人」が四人も中国の各地で「スパイ容疑」で拘束されるという問題が起きましたが、ひとりは明らかに脱北者ですね。

公安調査庁の関係者やテレビ局から「こんど中国に行ったら、こんな写真取ってきてよ」などと気軽に声をかけられ、アルバイトのつもりで引き受ける。中国がマークしているのは特派員とテレビクルーのほか、「組織」関係者なのです。法輪功や中国民主陣線、ウイグル独立運動などの関係者。

特派員に尾行がないのは、GPSで居場所が把握できるからです。日本からの訪問でマークされるのは防衛庁や企業の幹部ですね。

組織運動関係には中国の公安がスパイを入れていますから、これも中国へ入国すれば電話はまず盗聴され、尾行がつきます。

宮脇　だいたい、一九七二年に「日中国交正常化」がされたあと、中国に行った日本の学者にはすべて公安が張り付いていて、ホテルの部屋には盗聴器が付いていたのですよ。どこへ行くのも誰と会うのも見張られていた。それを知らなかったという方がおかしい。もっとも、最近の二十年ほどは金儲け優先で、人間の追跡をあんまり熱心にしなくなったなとは思いましたが、それがまた復活しただけです。張り付く人員はありあまっているのですからね。

宮崎　ですから、捕まった人たちには気の毒だけど、注意力が不足していたのではと思いますね。

逆に日本では中国人スパイがうようよしており、数千人規模で官庁に潜り込み、あるいは自衛官の配偶者になって、それとなく情報をとっている。

企業からは特許機密などを盗んでいるのに、日本はスパイ防止法がないので拘束も逮捕も、国外追放もできないのです。

むしろ、今回のスパイ騒ぎで、反省すべきは日本の法体系の不備、一日もはやく「スパイ防止法」を制定し、諸外国と同様な防諜をしなければならないということです。

宮脇　はい、本当にそう思います。これを奇貨《きか》として、日本も「スパイ防止法」を制定するのが正しい対応だと私も思います。中国に住んでいる日本人は中国に何か起こったときにはすべて人質になりうるのです。外交関係は相互対等であるのが国際常識ですから、日本でも同じことができるようにしておかなければなりません。中国に何か起こってからでは遅すぎます。時間はそんなに残っていないと思います。

本当は日本に憧れる中国人

宮崎　反日教育は危険なことなんだけど、しかし、一方において中国人の末端にはぜんぜんその効き目がないという二律背反がありますね。

宮脇　まあね。中国人は人の言うことなんか信用しないから。どうせ政府が言ってることだから、と。皮肉ですよね。

宮崎　ものすごい皮肉だよね。あれだけ毎日毎晩抗日映画をやってて、戦争映画になったら必ず、悪い日本軍人が出てくる。

宮脇　変な日本語で（笑）。

宮崎　「このバカ」「進め」それから何だっけね、ともかくあれだけ毎日反日の宣伝映画を見ていながら、なんで日本に来たがるかわからない。NHKの日本語のテキストブックを撒《ま》いたらたちまち百万部、とか。一時みんな日本語を狂ったように習った日本ブームがあったし、いまでも日本の小説家の翻訳なんて、よく売れるしね。だから、ものすごく矛盾してるよね。

宮脇　政府の言ってることは半分しか聞かない、というか、やっぱりさっき言ったように信用はしない。だから日本人が心配するほどには行き届いてはいない。でも「反日」は言い訳には使えるでしょう。それをやったって政府に捕まらないっていうふうなことにだけ、免罪符には使う。

宮崎　愛国無罪ですからね。

宮脇　そういう人たちなんです。福島香織さんの『本当は日本が大好きな中国人』（二〇一五年、朝日新書）によると「ドラえもんは日本の世界戦略じゃないか」というアホな説が出たという。

宮崎　自衛隊のVTRにガンダムの映像を流したり。

宮脇　中国の若い子たちは、単純にのび太のだめっぷりをみて「いいなあ、日本って。こんないい加減なのでも暮らしていける」って癒《いや》されるらしい。

宮崎　あと「クレヨンしんちゃん」も、全面的にガキが失礼なことを言って、「それでもいいんだって、この社会は」と誤解してしまう。

宮脇　中国人の目を開くようですね。莫言《ばくげん》さんも、夏目漱石の『吾輩は猫である』を読んで、「ネコでも小説の主人公になるんだ」と驚いたと言っていた。

宮崎　村上春樹だのなんだの、二百万部も三百万部も売れてね。

宮脇　渡辺淳一さんと東野圭吾さんとがすごく売れているらしいですね。渡辺淳一さんのは、男と女がする前にこんなにいっぱい考えるってことが新鮮だったと言っています。

宮崎　それから山岡荘八『徳川家康』が中国人のビジネスマンの間ですごい人気です。不思議でしょう。要するに、日本は千年以上続いている金剛組をはじめとして、とにかく三百年以上続いている企業が五百社ぐらいある。中国は百五十年続いてる企業は五社しかない。それだけ激動につぐ激動のなかをくぐりぬけてきたので、日本の鎌倉武士のいう「一所懸命」という発想なんかないんだ、常に移動してるから。で、そのなかで、徳川はなぜこれだけの長期政権ができたか、というのが中国人にとって魅力がある。全巻翻訳されていますよ、長い二十五巻ぐらいあるやつを。

宮脇　もともと漢字はコミュニケーション手段として大変不十分な言語で、目に見えないものを表す語彙《ごい》がとても少なく、そして全国に通じる共通の音がない。音というものをあきらめて、広いところのコミュニケーションを図ってきたせいで、耳で聞いてわかる言葉というのが彼らにとって非常に範囲がせまい。だいたいいまの普通語《プートンホワ》のもとになった北京官話、北京語でも、地名、固有名詞は耳で聞いたって絶対にわかりません。同音異義語が多すぎて、「それどこの地名なの」って、漢字で書いて初めてわかる。

宮崎　人の名前だってそう。

宮脇　漢字で書かないとわからないですよね。だから耳元で愛を囁《ささや》く文化がない。日本の銀座やどこかで長いこと時間をかけて女と遊ぶなんて、「あんなことありえない」（笑）。

宮崎　銀座紳士というのは中国人では絶対に考えられない。高いお金を払って、隣の美女とは手も握らないで和歌の話をするとか。

宮脇　高尚な話をしてね。女と一緒にね。それはもう中国にはない文化。だからもし本当の中国を描いたら、日本では小説が絶対に売れない。面白くもなんともない無味乾燥なものになるから。

「日本化」か？　中国人も世代で違う

宮崎　日本人にとっては中国人の人生観があまりにもドライなんだよね。若い中国人なんて「愛人稼業」ってビジネスがある。自分のパトロンがいくらくれる、マンションを買ってくれた、ベンツを持っているとか、その自慢をし合う。あけすけにね。そういう面妖《めんよう》な世界がありますよ。考えてみれば昔からそうなんだ、中国は。ナイトクラブへ行っても「愛人になるか、ならないか」「いくらくれるのか」という話ばかり。

宮脇　それで、北京大学の学生同士とか中国のエリート中のエリートのカップルでも、片方がアメリカの留学試験に受かったら婚約解消です。階層が違うという理由で。だから同じランクの高級幹部同士の子弟が、親が決めた婚約をするのはごく当たり前です。われわれ日本人だったら普通は恋とか愛とかはお金に関係がない、相手がぜんぜん金持ちでなくても好きになったら一生大事にする。そういうことは中国じゃありえないですからね。

宮崎　北京の天安門広場のちょっと北北東のほうに中山《ちゅうざん》公園がある。少し広い。日曜日の午後二時にうじゃうじゃ人が来て、見合いの話。

宮脇　親が？

宮崎　親だけ。本人いないんだ。「あんたの息子収入いくら？」「自家用車何台持ってる？」「マンション何軒？」っていきなりそんな話をする。すべて無機質に。それで年収いくらで、ローンが何年ぐらい残ってるとか、それから決めていって、ランクが合うところに親同士が納得したら、初めて本人同士が会う。そこには恋愛感情はないんですよ。

宮脇　それを本人同士も「べつに」と思ってるわけ。つまり男と女の間に気持ちの通い合いが必要だという意識が最初からないことがすごいでしょう。それはもう人生というのはそういうもんだと思ってる。

宮崎　だから渡辺淳一の『失楽園』（一九九七年、講談社）にみんな驚いたんだよ。

宮脇　新しい世界だった。一部の中国人が憧れるようになって、日本に来て、撮影の現場に行きたいとか、ここで出会った同じところで写真を撮りたい、とか。おそらく追体験してるつもりなんでしょう。それでいま、中国でもソックリな恋愛ドラマをけっこうつくっています。

宮崎　ほんと全部パクリ。

宮脇　韓国もすごいけど。面白いのは留学先の東京とか、わざわざ外国で出会うシチュエーションにする。北京だとリアリティがなさすぎるというよりも、ありえないから。それでその背景までそっくりにして、『101回目のプロポーズ』とか、日本の一時のトレンディドラマの型をものすごく真似てるわけ。

宮崎　もっと面白いのは、ドラマで主演を演じる米倉涼子とか酒井法子とか松嶋奈々子にそっくりな中国人女優を必ず見つけてくること。

宮脇　山口百恵もみんな好きでしたもんね。けっこう香港人がイカれてたみたいだけど。

ああいうやわらかい感じの女の子を好きになるのは日本に対する憧れなのね。自分たちのまわりにはいなかったから。中国でも映画人とか一部の人はそういうのをわかって映画に取り入れたりしてますね。

宮崎　うん、世代によってぜんぜん変わる。

宮脇　すこしは日本化してるわけですよ。日本の真似をするということは。

宮崎　福島香織さんの報告では、最近の中国の美人局《つつもたせ》も非常に巧妙になって、わざと親しくくっついて愛人になったと思いきや、別れ話になったら一千万円単位の要求が始まった。一方において、本当にこれが恋愛だと思って、日本人の男が黙って日本へ帰ると失望のあまり自殺するホステスもたくさんいる。

宮脇　ほお。新しい、それ。

宮崎　そんな新しい現象がけっこうあるらしい。

宮脇　一昔前だったら中国人ではありえない。自殺と心中はないはずの国だったんですけど。

宮崎　だから急速に海外に出始めてから、この五年くらいの話ですよ。こんなに中国人が世界中に出かけてね。

宮脇　自戒するのはよいことですよね。外国を見てね。内部から腐るというのは政治家から見て腐ることであって、外国のものを取り入れて文化が変わるのはよいことでしょう。

中国に勝っていたら日本人も中国人にされた

宮崎　いままでわれわれが討議してきたように、権力闘争において、強い皇帝になるか、それとも途中で消されるか、という見極めはどこでつくか。

宮脇　それは本当に結果論なんですよ。だから歴史を見てきても、最後に勝ったほうが書いたものしか残らない。この人は最初から運命で皇帝になるはずだった、というワンパターンの書き方しかありませんから。だから彼らにとっての歴史はそうなんですよ、結果がすべて。結果があったんだから天命が下りたんだ、だからこの人には最初から天命があったんだというまったくの堂々巡りで、何の理由にもならないものしか書かない。

宮崎　整合性がない。

宮脇　そんなこと気にもしてない。結果がすべて。もし日本が大東亜戦争で勝っていたら、日本に天命が下りたことになる。アメリカに負けたから満洲は偽だったというだけです。

宮崎　だから秀吉だって、まかり間違ってあの鴨緑江《おうりょくこう》を越えてね、北京まで上って秀吉が皇帝になってたら、すんなりと統治できたと思います（笑）。

宮脇　でも秀吉が北京まで行かなくて本当によかったと思うのは、そしたら日本は隅々まで中国になっちゃうわけだから。日本人も中国人だということになって、新しい奴に支配されるのだけはご免だったんで、よかったと私は本気で思います。

宮崎　底辺のエネルギーってのはすごいからね。

宮脇　そうなったら、絶対日本人は大陸から来た奴にすっかりやられて、私と宮崎さんぐらいだったらシナ人に負けないハッタリかますけど、普通の日本人は全員奴隷扱いですよ。

宮崎　いつの間にか、漢化されてね。

満洲帰りの日本人が国際化に貢献した

宮脇　私、最近、もし満洲国があのまま続いていたら、日本の文化がすごく変質して、面白い国際派日本人がいっぱい生まれたのになあ、とよく考えるんです。

宮崎　あれでも、一応十三年続いた。世界六十カ国のうちの二十カ国に承認されていた。

宮脇　当時の世界で独立をしていた国の半分近くが満洲国を承認しました。もし満洲国が続いていたら、日本で公務員になったら、まず研修は満洲ですよね。最初二年は満洲へ行け、とかね。で、外地から六百六十万人が戦後に日本に引き揚げてきて、この人たちのおかげで戦後の日本が国際化し、外国に対しても柔軟になったと思いますよ。それを明代のシナみたいに外に出るのをやめて、内向きになって後退して劣化したら危なかった。新しいタイプの日本人が、それこそ満洲大陸風の茫洋《ぼうよう》としてわけのわかんない奴だとか非難されもしたけれど、こせこせしない大陸式の人間がたくさん日本に帰ってきて、よかったと思います。

宮崎 あの当時、満洲へ行くと言ったらみんなうらやましがったんだ。

宮脇 水洗トイレもあったし、最先端でした。日本は満洲にあんなに投資したのに。

宮崎 満鉄なんて本当にエリート社員で。

宮脇 日本人の偉いのは、日本でもらう倍くらいのお給料でちゃんとみんな喜んで行ってたことですよ。

宮崎 そりゃそうですよ。お人よしの典型ですから。

宮脇 シナ人みたいにいっぱいポケットに入れようと思ってない。それはもう、お手当ていれてもせいぜい倍ですよ。しかも向こうで無理に日本式の暮らしをしようとしたから、じっさいはけっこう大変だった。とくに北満に入った人は。

中国・朝鮮への日本の本当の責任

宮崎 いまでも満鉄ビルはちゃんと残っているけど、日本がそこいらじゅうに建てたヤマトホテル。いまは名前が変わってるけど、だいたいみんな残ってるでしょう。立派な建物

大連のヤマトホテル

ですよ。天井は高いしね。瀋陽《しんよう》（奉天《ほうてん》）のヤマトホテルはいまでも映画のロケに使われる。

宮脇　そうですよ。国を挙げて投資したんだから。本当にどこが侵略でどうして謝らなきゃいけないかって思います。

宮崎　国際法で言えば、あの日本の投資は返してもらわなくちゃいけない。現にアメリカなんかみんな返してもらってるんだから。

宮脇　だから投資を返させないために、中国は日本の悪口を言うっていうことです。

宮崎　アメリカが中国と国交を回復したとき、まず戦前のアメリカの権益についての保障の問題から交渉を始めてるんですよ。ところが日本は過去のことはすべて水に流して……。

宮脇　しかも一九七二年の日中国交正常化交渉のときに、尖閣問題は出ていた。だからそれを引っ込めなかったら国交樹立しません、ってなんで言わなかったのか。

宮崎　田中角栄がマオタイ酒によっぱらわされて……。

宮脇　ほんとにバカだ。もう外交知らずというか……しかも村の論理で正直に話せばわかると言ったとかって。まったく、日本人は中国にはやられっぱなしですね、いまだにね。でももちろん日本にもいいところと悪いところがあって、信用しすぎるのは長所でもあり短所でもある。みんなが互いに信用してるから、それでも日本はこんなにいい社会で、あっちはまったく誰も信用しないから、個人的にお金をポケットにいっぱい入れる人は出るかもしれないけれど、結果としてひどい国になっている。

七十年もたって何が日本のせいだと。自分たちでこんな国にしたんでしょう、と。それを七十年前の日本が悪かったってどんな顔して言うのか。韓国、北朝鮮に対してはとくに思います。

宮崎　それはそのとおりですよ。だから日本が反省する必要はもはやない。日本が本当に中国に謝らなければいけないのは、中国の国民に対してであって、それはこんなひどい政権を結果的に誕生させたのは日本の敗戦の結果なんだと。そこだけは言っておきたい。

宮脇　岩波の馬場公彦さんと議論（『王朝から「国民国家」へ』勉成出版）して、馬場さんは、中国人に対して「負い目を感じる」って言ったんですよ。私は「そうじゃない、責任があるんだ、いまの北朝鮮、中国に対して、自分たち日本人は、本当はこんな国にするために過去に頑張ったんじゃないんだ」と。

「もっといい国にするために日本人が行ったのに、こんな結果になったってことに対して、日本人は——さっき先生がおっしゃったように、普通の人たちに対して責任があると思う。元宗主国として朝鮮の人に対しても、だから負い目と言うのはおかしい」と。それを『真実の中国史［1840—1949］』（二〇一一年、李白社）でも書いたら「そういうことを言う日本人はめったにいない」とかなんとか書かれてしまった。

政治も経済も外交も日本の強みは役割分担

宮脇　日本人は、中国に何かあったときの覚悟をどうやって備えておくか、です。覚悟が必要です。でも言ったって日本人は何も考えませんよね、もう上に任せたままで。心配なのは中国に行ってる企業ですよね。でも、それも自己責任か。

宮崎　国家にとってもっとも大切な防衛が、アメリカが動かない限りどうしようもない防衛体制になっているから、われわれもアメリカから自立できるのかって言ったら、無理。だから私も『日本が在日米軍を買収し第七艦隊を吸収合併する日』を書いたけれども、そういう意気込みでもない限り、自主防衛なんてできない。

宮脇　でも言論人や学者は、国のリーダーに対してそういう案や具体策をどんどん提示する以外に方法はないですからね。政治家や外交官は、国際政治というしばりのある世界で、なんとかミスなく敵からつっこまれないようにしてほしい。だから私は安倍談話を評価しています。

宮崎　安倍さんもそのあたりをよくわかってきたから、アメリカに行って、アメリカ人の心を動かすような演説をした。

宮脇　政治家ができることには限度があります。真実だけ言っていればいい、というわけにはいかない。そういう枠があるわけで、そこで完璧《かんぺき》にやってくれればよくて、外交官とか官僚、学者やジャーナリストなど職種によっていろんな役割があるわけですよ。日本のいいところは、互いに信用し合って国民がそれぞれ役割分担し合えるところじゃないかと私は思うんですけど。

宮崎　安倍談話にもね、まだ不満言ってる人もいるけれど、あれは結局はアメリカ向けだよ。アメリカが評価するって言ったら、とたんに中韓の批判は弱くなった。「出さなくてよかった」と言ったのは「朝日新聞」でしたが。

宮脇　だから中国の批判が天皇陛下に飛んだのでしょうけど。なので、われわれ自由な言論人は強硬なことをいっぱい言って、そのなかから政治と外交は使えるものを使ってくれと。十分に勉強して使えるものは使ってくれ、というのがいいのではないですか。辛亥革《しんがい》命のあと、清朝の版図《はんと》のほんの一部でしかなかった中華民国が、果たして本当の中国かという説はけっこう、流布しましたからね。私の作った地図も一緒に。

「多重人格」に「嘘」、日本人も知的武装がいる時代

宮脇　チベットやモンゴルやウイグルが漢字を使っていないのに、なんで中国人かというのも、日本人は長い間、知らん顔していたじゃないですか。最初「そんなことは内政問題だ」「中国の問題だ」と。中国人留学生がいっぱい日本に来て、「中国人なのに中国人じゃなくてモンゴル人って言ってるけど、なんで？」とか、大学の教授から聞かれる始末でしたから。

宮崎　政治家だって国際問題にまったく無知じゃない。テルアビブで日本赤軍が暴れたときに、わが国の政府は謝罪特使を出すんだよね。どんな世のなかにだっておかしなのはいるんだから、日本人全員がなぜ謝罪しなければいけないのか。

宮脇　マスコミも勉強しなさすぎです。それからやっぱり大学の先生たちも自分の専門のタコツボの中に入り込みすぎて、その資料が全部嘘だったらどうするの、という批判精神がなさすぎる。それはもうどうしようもない。それが日本人というものであるなら、日本人の責任だと私は思うんですけど、やはりこういうグローバルな時代には、生き延びるた

中華民国（1912〜1949）

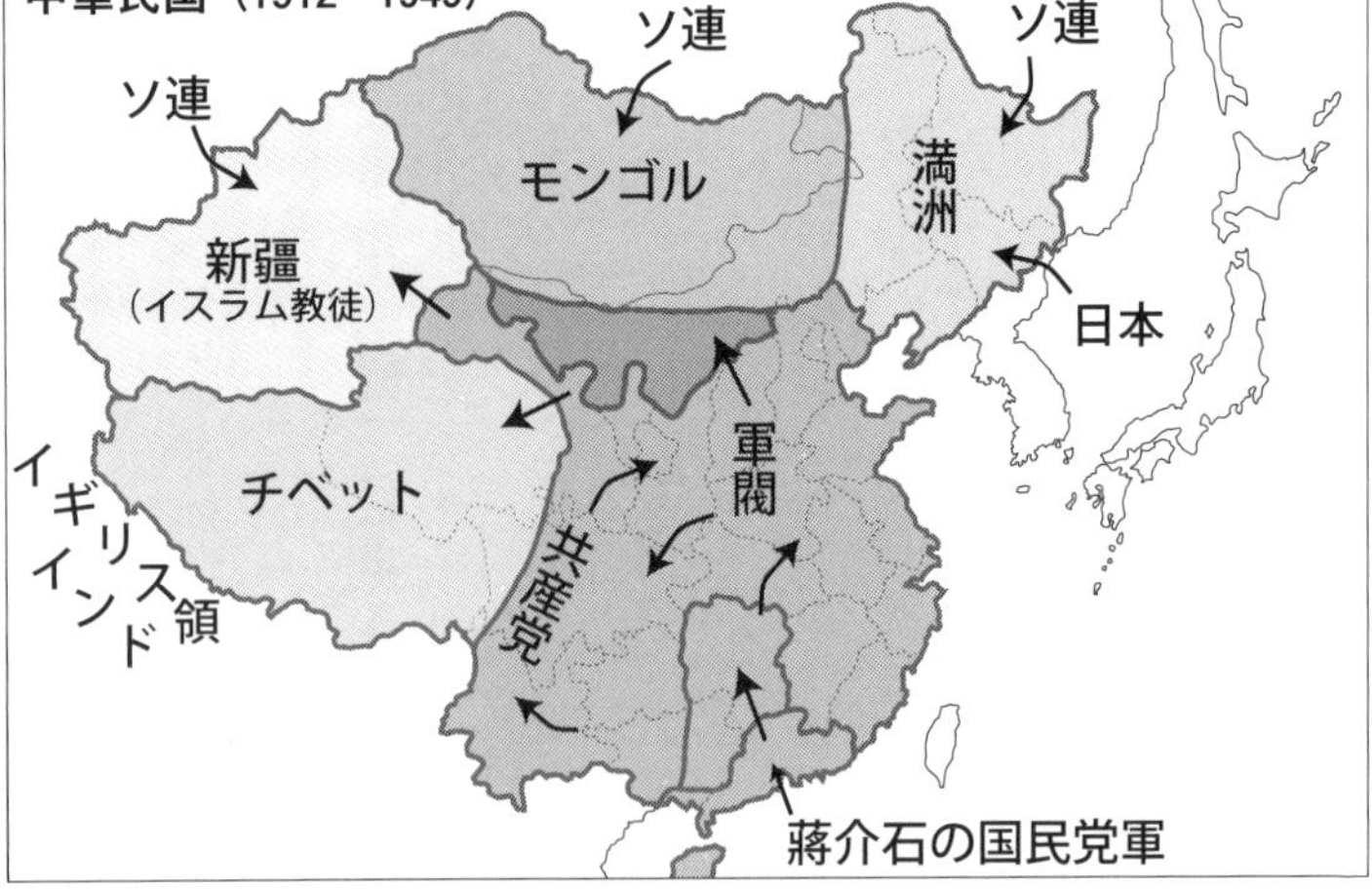

1920年代の中国

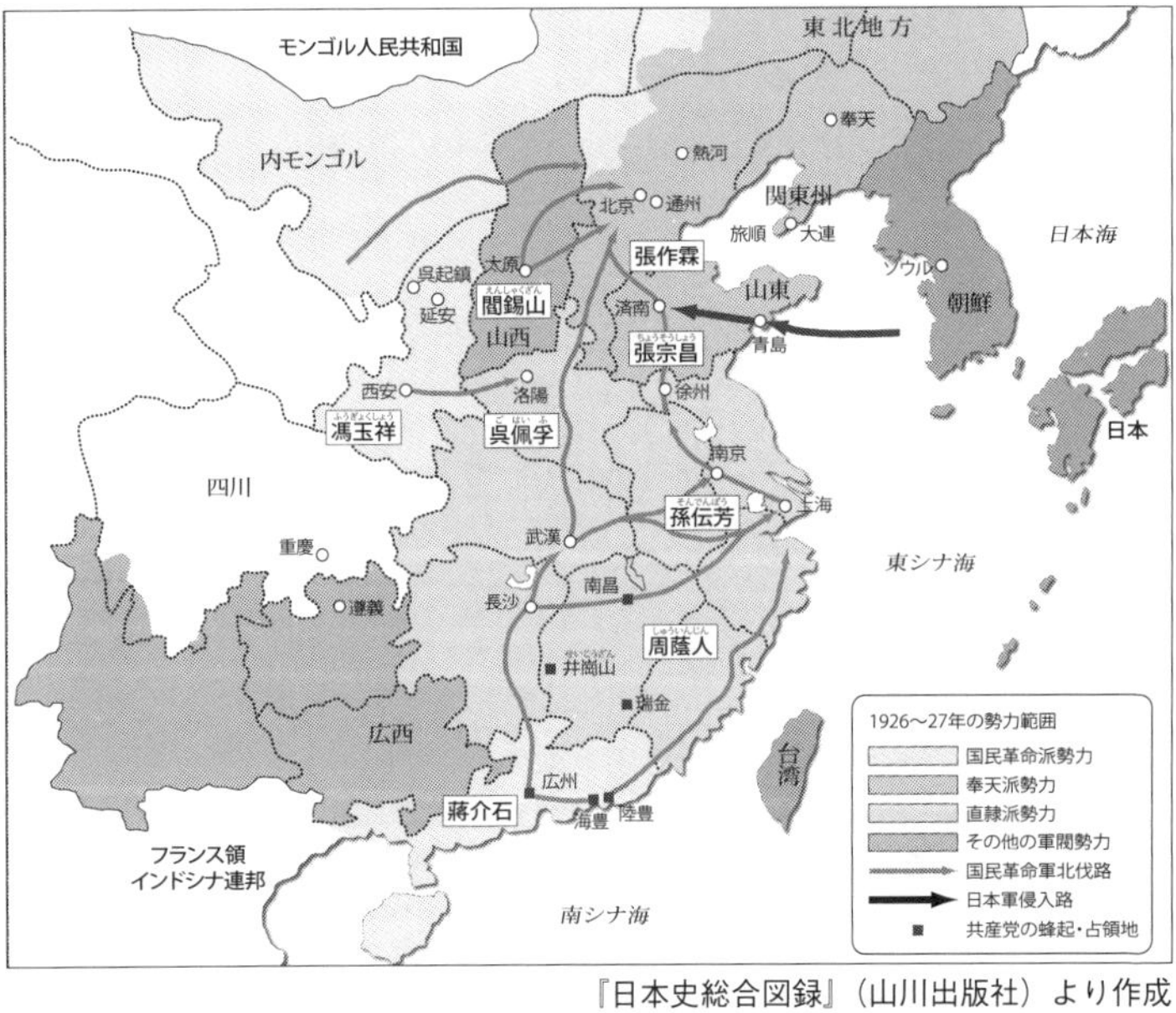

『日本史総合図録』（山川出版社）より作成

めには、あるいは日本人としても一流であるためには、視野を拡げて、専門外のことでもある程度の知識がないと世界についていけないと思います。

危機はもう間際に迫ってる、日本にいたって中国人だらけでしょう。どの大学にもたくさんいますから。そういった相手側の知識もなくて、どうやってこちらは教えたり、指導したり、うまくやったりできるのかっていう問題です。だから日本と違う土地、違う歴史、違う文化の人たちのこともある程度は常識になっていないと、もはや日本人だけで暮らせる時代ではないというのに。

宮崎　もう一つは外国からの留学を受け入れる先の大学の日本人大学生がまったく劣化していて、反論も何も、まず反論する基礎知識がないから。そのうえ、日本の若者がアメリカに留学しなくなった。確かにアメリカに行ってもそんなにいいことばかりはないけれども。

宮脇　好奇心がなくなったでしょう。私がかつて非常勤で教えていた国士舘大学21世紀アジア学部は、入学する日本人学生が、日本にいても、留学生がいっぱいいる学部で少しは留学気分が味わえる。それが売りだったんですけれども、日本人は日本人だけで固まる。

宮崎　たぶんに想像がつきますよ。

宮脇　一方、中国人留学生は日本語がどんどん上手になる。われわれも日本語でしか授業しないし、授業中でもいろいろ聞いてくる。一度授業中に中国人の女の子に嚙《か》みつかれたことがありました。私の言った国民の話だか、民族の話だかの言葉の端を取って向こうが嚙みついてきた。私も一つひとつ反論して延々と話をしました。学生は百人ぐらいいたんだけどほったらかしで、それこそ三十分ぐらいかけて。終わって他の学生たちに「ごめんね、みんなの授業の時間をこっちで取って」と言ったら、「これでどういうふうに中国人に言い返せばいいかよくわかった」って喜んでくれた。

宮崎 はは（笑）。

宮脇 私に言い負かされちゃったその女の子は、あとはもう私にペコペコして、本当に柔軟になった。でもその子はなんで私に嚙みついたかっていうと、高校のときに親と一緒に日本に来ているんだけれど、日本人の先生に何を聞いてもはぐらかされて頭にきていたと。そうしたら初めてちゃんと相手にしてもらい、初めてきちんと話をしてもらった。日本人の本音と日本人の見方を聴けたって言いました。ごまかしてただ逃げるのは、日本人の本当によくないところですよね。

宮崎 根本の問題は戦後の教育、とくに自虐史観に嫌気がさして歴史を知ろうとしない、わが国の建国の理想も知らなければ日米が七十年前に戦争してたことさえ知らない。本当に日本の若い世代の多くは歴史について何も知らない。それが基本的な問題です。だから次の冗談も通じる。若い日本人が「七十年前に日本とアメリカが戦争をしたって本当ですか?」と聞くので「そう、そして日本が勝った」と言うと「ウソーッ、本当ーっ」でオシマイ。

宮脇　そのとおりですね。困るんです。やっぱりそれは真実を知らなきゃ負けますよ。相手は嘘をついてでも戦ってるわけだから。

宮崎　そういう意味でね、日本人はもうちょっと相手によって嘘をうまくついてゆくぐらいの賢さを身につけないといけないと思います。対外的には多重人格者になるのが「国際人」なんです。

宮脇　だからなんでも長所と短所があって、こんなに中国人がいっぱい入ってきたってことは、日本にいながら中国旅行をしているようなもの、というか、日本人は嫌でも中国人と知り合うことになったでしょう。そうすると鍛えられます。世のなか、こんなに違う人がいるんだとか、日本とはここが違うんだとか。知らなかった、騙された、とただ泣き言をいうのは情けない。だからそう思って乗り越えてほしいといつも思っています。

おわりに

日本にとっていちばん厄介な隣国＝中国とこれからどう向き合うのか？

習近平《しゅうきんぺい》は「当代の毛沢東《もうたくとう》」を目指すらしいが、「紫禁城は宦官《かんがん》群」に囲まれたと在米中国人のメディアが皮肉っている。

「愛国主義による中華民族の復興」などと虚ろに呼びかけても国民はそっぽを向いており、習近平は「裸の王様」ではないのか、と訝《いぶか》しんでいるのである。

「反腐敗キャンペーン」という権力闘争の武器を駆使して、「政敵」を薙《な》ぎ払った結果、副部長以上の共産党幹部で失脚した者は一五年十月現在で、百二十名余となった。ほかの幹部は萎縮して習近平に忠誠を誓い、顔色をうかがう様はまるで宦官である。

九月三日に異例の「軍事パレード」を強行して権力の掌握を内外に見せつけた。日本円換算で四千億円を、この物騒な兵器と軍の示威のために消費したのだ。

その一方で、暗殺の危険性が高まったことを自覚しているため、中南海の警備、中枢の警備にあたる「御林《ぎょりん》軍」を習が福建《ふっけん》省時代から信頼する軍人と入れ替え、北京軍区司令を宋普選《そうふせん》に、北京首都をまもる公安局長（副市長兼務）に王小洪《おうしょうこう》を当てた。これでしばらくは枕を高くして眠れるだろう、と。

次に情報操作、宣伝部門を掌握するために、習近平は政治局常務委員の劉雲山《りゅううんざん》を筆頭に政治局員兼宣伝部長は劉奇葆《りゅうきほう》、新華社社長に蔡名照《さいめいしょう》を当てて磐石の権力基盤を守らせようと躍起になる。軍事パレードに参加して雛壇《ひなだん》に並んだ江沢民《こうたくみん》、胡錦濤《こきんとう》、温家宝《おんかほう》、朱鎔基《しゅようき》、李鵬《りほう》らをほとんど報道させなかった。

そうやって基盤をかためてから訪米し、オバマ大統領との会見は「新しい大国関係」で進展があったと官製メディアは宣伝した。国連演説は盛況で拍手が鳴りやまなかったとか。実態はといえば、オバマ大統領から冷ややかに扱われ、米国主要マスコミと米国社会からほとんど軽視された。国連演説で習近平のとき、会場はガラガラだった。

この事実を伏せて「習近平訪米は大成功」であると喧伝《けんでん》させたのだから、現実とはたいそうな乖離がある。

中国国内の報道管制は暗黒時代にもどったかのごとく、権力に楯突《たてつ》く者には容赦なく、自由、民主、人権、法治などの表現には目を光らせ、人権擁護の弁護士等を拘束し、ネットを監視し、マスコミは習近平礼賛、「中国の夢」一色という、極左路線を突っ走る。「当代の毛沢東」像が演出され、まさに「紫禁城で習は宦官群に囲まれた」(「博訊新聞」二〇一五年十月四日)。

高成長を誇った中国経済の「失速」ぶりは目を覆いたくなるほどの惨状である。向こう十年、いや二十年、中国は立ち上がれないだろう。

本書で縷々《るる》指摘したようにGDPは水増し、外貨準備高はじつは空っぽ。歳入が逼迫《ひっぱく》した地方政府はデフォルトの崖《がけ》っぷちに藻掻《もが》いている。壊死《えし》寸前だ。

中国政府はGDP成長を目標七%においているが、本年度の達成は不可能である。電力消費が横ばい、鉄道貨物輸送量がマイナス一〇%。どうして七%成長が可能なのか?

おそらく実質成長はマイナスへ転落しているはずである。

中央政府が景気減速を渋々認めたので、地方政府は安心して「真相に近い」数字を発表しはじめる。最悪は遼寧《りょうねい》省の〇・一%成長だ。主因は鉄鋼と石炭の壊滅的後退である。大連《だいれん》はハイテク企業が揃い、電話のバックアップセンターから老人介護ビジネスは盛んだが、盛り場は青息吐息、大連森ビルの裏通り(通称日本人街)も火が消え、高級レストランは開店休業状態から閉店に到っている。

スマホの頭打ち、通信機器の部品ビジネスの不振などによるもので、中国最大の富豪「万達集団」の本社はこの大連にあるが、主力の不動産ビジネスの比率を早くから下げ、映画、エンターテインメント世界へ進出した。

遼寧省はかつて大連市長、遼寧省長を歴任した薄熙来《はくきらい》の失脚から経済の失速は始まっていた。失脚前に薄熙来は重慶書記に転じたが、周囲の補佐官、ボディガードなどに遼寧省時代からの側近を引き連れ、遼寧省から去った。また夫人の谷開来《こくかいらい》が法律事務所を経営していたのも大連である。そのときの利権の黒幕が大連実徳集団を率いた徐明《じょめい》で、彼らの連座失脚により薄コネクションが壊滅した。遼寧省はそれでなくとも撫順《ぶじゅん》炭鉱など多くの石炭ビジネスと、鉄嶺など鉄鋼都市を抱えており、付近の地盤の弱いところに三十万都市をつくったりしてゴーストタウン化した。通化では全国に先駆けて鉄鋼メーカーが倒産し、給料不払いの社長が従業員に殴り殺される事件が起きたのは数年も前のことだった。

ついで景気悪化のサンプルとなったのは山西省《さんせい》だ。

仏教の聖地＝五台山があるが、経済活動とは無縁の存在、この地も石炭が主力ビジネスだが、誘拐してきた夥《おびただ》しい少年を奴隷労働させるなど悪魔のような企業体系があり、石炭不況に落盤事故、地下水噴出など最悪の炭鉱事故が山西省では続き、閉鉱となった企業が続出した。拠点の大同《だいどう》は一時の繁栄が終焉《しゅうえん》し、冷戦時代には五十万の兵隊が駐屯したこともあったが、いまや廃墟、廃屋が目立ち、企業工場は閉鎖、繁華街はシャッター通り。

十数年前、筆者は石炭黄金時代の大同へ行ったことがあるが、ホテルの宴会場は朝からドンチャン騒ぎ、卑猥《ひわい》なパーティ、大通りを疾駆するのはＢＭＷ、ベンツ。

「中国で高級車の人口比はいちばん高い」「いかに石炭成金が多いか」と言われた場所である。この深刻な事態に山西省首脳が連続的に打開策を討議する会議を開催し、中央政府に窮状を訴え、国有企業各社に山西省子会社へのテコ入れ、再投資を訴えるという挙に出た。山西省の書記は王儒林《おうりんじゅ》、省長は李鵬の息子の李小鵬《りしょうほう》である。

いま遼寧省、山西省の二つの例をみただけでも経済の惨状はすさまじいレベルにあり、次の「失われる十年」は確実に中国に移る。

かくして米国では中国崩壊論、共産党瓦解論が論壇を席巻する勢いにある。このことは日本ではあまり知られていないので改めてふれておきたい。オバマ政権の中国に対する態度は明確に冷淡になった。また大統領選挙を控えて各候補、各政党は中国へ激しい批判を繰り出すように政治環境が変わった。そして米海軍のイージス艦が中国のいう十二海里の内側に侵入した。

南シナ海の岩礁を埋め立て、滑走路など軍事施設をつくっていることに「現状を変えるな、工事を中断せよ」と米国が抗議しても「中国の内政問題だ。アメリカは介入するな」と強硬姿勢を崩さぬ中国に、親中派論客までが立腹し、絶望的展望を述べ始める。

とくにキッシンジャー、エズラ・ボーゲルほど目立たなかったが、親中派の代表選手二人の最近の変わりようといったら。

デーヴィッド・シャンボー（ジョージワシントン大学教授。ブルッキングス研究所シニア・フェロー）は、中国での国際シンポジウムに頻繁に招かれ北京で一年暮らした体験もあるから、中国人学者とも知り合いが多い。

そのシャンボーは反中国論の急先鋒《きゅうせんぽう》となった。

また親中派の代表格とされたジョン・アイケンベリーは、「フォーリン・アフェアーズ」に寄稿して「中国に失望した」と書いた。米国における対中穏健派が雪崩《なだれ》を打って中国に対する失望を表明している。

英国もじつは、同じである。二〇一五年十月十九日から習近平主席は英国を訪問した。女王陛下主催の歓迎晩餐会のスピーチで習近平は相も変わらず日本の悪口を言ったが、アヘン戦争で英国にやられたことにふれなかった。

赤絨毯《じゅうたん》に礼砲が四十一発、王室の伝統的な馬車に女王陛下と同乗し、国会で演説する栄誉にも輝いたが、心のそこからの歓迎ではなかった。

現にチャールズ皇太子殿下はしぶしぶ英国王室の晩餐に出席したものの翌日の公式晩餐会は欠席した。

英国は親中派になったのか、米英同盟は亀裂が入ったのか、などと懸念する声があがったが、習近平が満を持した国会演説では、ただの一人の国会議員も拍手せず、習の演説が終わっても拍手は起こらなかった。考えられないほど冷たい反応、そのうえ、ジャーナリズムは、人権無視の中国の代表を厚遇するとは何事か、カネの前にはいつくばるのか、キャメロン首相よ、というどぎつい批判が展開された。バッキンガム宮殿のそとでは「チベットに自由を」「人権を無視する中国はファシスト」という横断幕にデモ隊。

確かに習近平訪英で総額七兆円の投資を英国に約束したが、これがどの程度の規模かといえば、香港財閥一位の李嘉誠《りかせい》たったひとりの対英投資だけでも、かるく中国を凌駕しているのである。

したがって、中国首席が訪英したことで、英国王室と政界は騒いだが、庶民はさっぱり。産業界は疑いの目でみている。とくに鉄鋼業界は反中国感情が露骨であり、原子力業界は、中国の原子炉技術を疑う。

英マスコミの対中論調は想像を絶するほどに冷たかったのである。

中国は太子党率いる共産党の独裁がいまも続いているとはいえ、習近平の強迫観念は、ソ連崩壊の轍《てつ》を踏まないために、党の永続化のための改革案を出すと反対にしめつけ、情報公開とは対極的に新聞を統制し、共産党に都合のよい一方的な政治宣伝を強化し、ネット監視要員をアルバイトを含めて二百万人という異常な体制とした。人権派弁護士を片っ端から拘束し、ノーベル平和賞の劉暁波《りゅうぎょうは》に対しての西側の釈放要求にいっさい応えず、牢獄に閉じこめたまま。これで安心、党が崩れることはないと考えているのだが、硬直化し、腐敗した体制はいちど破綻が始まると壊死への道は早い。

軍が不満を強め、特権階級に胡座《あぐら》をかいてきた高官等は面従腹背《めんじゅうふくはい》、いつかきっと主流派を転覆させる「野心」に燃える。負け組は敗者復活の夢も破れ自暴自棄、ふたたびの暴力革命を夢見て毛沢東の肖像を高く掲げる。

こうした危機に身辺警備を強化し、暗殺、クーデター予防のため、北京軍区の人事も習近平が信頼する軍人と交替させた経過は述べたが、いずれにせよ中国経済の破滅は日本経済にとっても深刻な問題である。

崩壊の足音が高まり、必死の形相で対応に追われているのが現在の中国共産党体制、その終わりの日々が迫り、そのパターンは歴代王朝の終焉に似ている。この宮脇さんとの対談では、そうした歴史的パースペックティブを常に判断材料としたため、本書は一般読者にとっても興味が尽きない仕上がりになったと自負している。

宮崎正弘

[略歴]

宮崎正弘（みやざき・まさひろ）

1946年金沢生まれ。早稲田大学中退。「日本学生新聞」編集長、雑誌『浪曼』企画室長を経て、貿易会社を経営。82年『もうひとつの資源戦争』（講談社）で論壇へ。国際政治、経済などをテーマに独自の取材で情報を解析する評論を展開。中国ウォッチャーとして知られ、全省にわたり取材活動を続けている。中国、台湾に関する著作は五冊が中国語に翻訳されている。代表作に『日本が在日米軍を買収し第七艦隊を吸収・合併する日』『日本と世界を動かす悪の孫子』（ビジネス社）、『中国大分裂』（ネスコ）、『出身地で分かる中国人』（ＰＨＰ新書）など多数。最新作は『「中国の終わり」にいよいよ備え始めた世界』（徳間書店）。

宮脇淳子（みやわき・じゅんこ）

1952年和歌山県生まれ。京都大学文学部卒業、大阪大学大学院博士課程修了。博士（学術）。専攻は東洋史。夫は東京外国語大学名誉教授、岡田英弘。東京外語大学アジア・アフリカ言語研究所共同研究員、東京外国語大学・常磐大学・国士舘大学などの非常勤講師を歴任。最近は、ケーブルテレビやインターネット動画で、モンゴル史、韓国史、中国史、日本近現代史等の講義をしている。代表作に『真実の満洲史[1894-1956]』（ビジネス社、岡田英弘監修）、『真実の中国史[1840-1949]』（李白社、岡田英弘監修）、『かわいそうな歴史の国の中国人』『悲しい歴史の国の韓国人』（徳間書店）、『世界史のなかの満洲帝国と日本』（ワック）、『モンゴルの歴史』（刀水書房）など多数。

中国壊死《えし》

2015年12月1日　　第1刷発行

著　者　宮崎正弘　宮脇淳子

発行者　唐津 隆

発行所　株式会社ビジネス社

〒162-0805　東京都新宿区矢来町114番地 神楽坂高橋ビル5F
電話　03(5227)1602　FAX　03(5227)1603
http://www.business-sha.co.jp

〈装幀〉大谷昌稔　〈本文組版〉エムアンドケイ　茂呂田剛
〈帯写真〉伊原正浩
〈印刷・製本〉中央精版印刷株式会社
〈編集担当〉佐藤春生　〈営業担当〉山口健志

©Masahiro Miyazaki, Junko Miyawaki 2015 Printed in Japan
乱丁、落丁本はお取りかえいたします。
ISBN978-4-8284-1851-3

宮脇淳子関連書籍

真実の中国史【1840―1949】

教科書で習った中国史は、現代中国がつくった〝ウソの歴史〟だった!

岡田英弘監修

発行:李白社

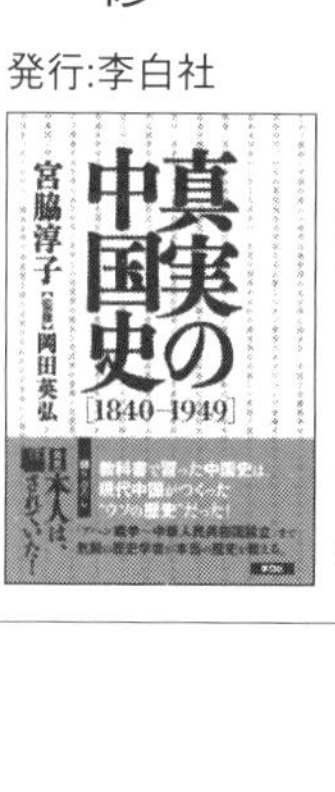

本体1600円+税

真実の満洲史【1894―1956】

近代中国をつくったのは日本である。

岡田英弘監修

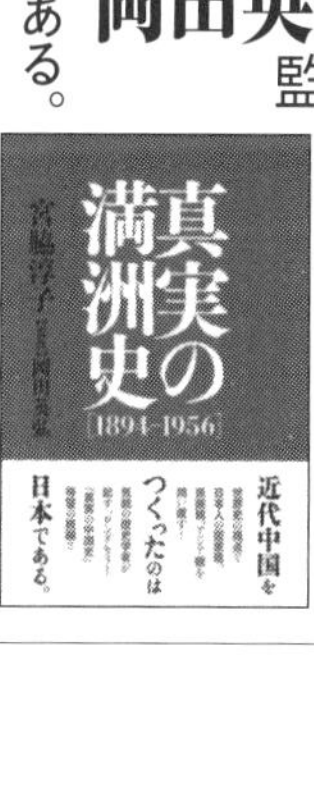

本体1700円+税

真実の朝鮮史【663―1868】

真実の朝鮮史【1868―2014】

宮脇淳子
倉山満 著

各本体1600円+税

宮崎正弘関連書籍

日本が在日米軍を買収し第七艦隊を吸収・合併する日

戦争を仕掛ける中国を解体せよ

本体1400円+税

日本と世界を動かす悪の孫子

オバマ、習近平、そしてプーチンも愛読!?

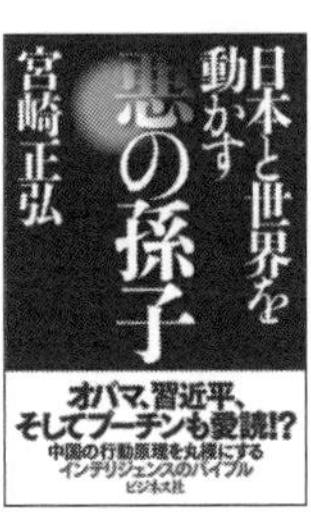

本体1100円+税

台湾烈烈 世界一の親日国家がヤバイ

中国の台湾支配が日本を滅ぼす!

本体1100円+税